Descobrir Jogos Online Grátis

Disponível Aqui:

BestActivityBooks.com/FREEGAMES

5 DICAS PARA COMEÇAR

1) CÓMO RESOLVER LAS SOPA DE LETRAS

Os puzzles têm um formato clássico:

- As palavras estão escondidas sem espaços ou hífenes,...
- Orientação: As palavras podem ser escritas para a frente, para trás, para cima, para baixo ou na diagonal (podem ser invertidas).
- As palavras podem sobrepor-se ou intersectar-se.

2) APRENDIZAGEM ACTIVA

Ao lado de cada palavra há um espaço para anotar a tradução. Para encorajar a aprendizagem activa, um **DICIONÁRIO** no final desta edição permitir-lhe-á verificar e expandir os seus conhecimentos. Procure e anote as traduções, encontre-as no puzzle e adicione-as ao seu vocabulário!

3) MARCAR AS PALAVRAS

Pode inventar o seu próprio sistema de marcação - talvez já use um? Pode também, por exemplo, marcar palavras difíceis de encontrar com uma cruz, palavras favoritas com uma estrela, palavras novas com um triângulo, palavras raras com um diamante, e assim por diante.

4) ESTRUTURANDO A APRENDIZAGEM

Esta edição oferece um **CADERNO DE NOTAS** prático no final do livro. Nas férias, em viagem ou em casa, pode facilmente organizar os seus novos conhecimentos sem a necessidade de um segundo caderno!

5) JÁ TERMINOU TODAS AS GRELHAS?

Nas últimas páginas deste livro, na secção **DESAFIO FINAL**, encontrará um jogo gratuito!

Rápido e fácil! Consulte a nossa colecção de livros de actividades para o seu próximo momento de diversão e **aprendizagem**, a apenas um clique de distância!

Encontre o seu próximo desafio em:

BestActivityBooks.com/MeuProximoLivro

Aos vossos lugares, preparem-se...Vão!

Sabia que existem cerca de 7.000 línguas diferentes no mundo? As palavras são preciosas.

Adoramos línguas e temos trabalhado arduamente para criar livros da mais alta qualidade para si. Os nossos ingredientes?

Uma selecção de tópicos adequados à aprendizagem, três boas porções de entretenimento, e depois acrescentamos uma colherada de palavras difíceis e uma pitada de palavras raras. Servimo-los com amor e máximo divertimento, para que possa resolver os melhores jogos de palavras e se divirta a aprender!

A sua opinião é essencial. Pode participar activamente no sucesso deste livro, deixando-nos um comentário. Gostaríamos de saber o que mais lhe agradou nesta edição.

Aqui está um link rápido para a sua página de encomendas:

BestBooksActivity.com/Avaliacoes50

Obrigado pela vossa ajuda e divirtam-se!

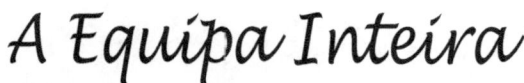

1 - Dirigindo

```
J  B  F  U  S  S  G  Ä  N  G  E  R  G  D
K  A  R  T  E  O  R  G  A  B  Z  I  A  G
T  P  V  E  R  K  E  H  R  E  P  R  R  E
B  R  V  T  M  Q  F  S  G  E  H  F  A  F
P  R  A  U  O  S  M  I  M  L  K  W  G  A
O  K  E  N  A  T  E  W  F  Q  D  P  E  H
L  A  R  N  S  Y  U  N  F  A  L  L  G  R
I  U  E  E  N  P  M  O  T  O  R  R  A  D
Z  T  A  L  H  S  O  Z  Z  N  S  P  S  L
E  O  A  I  C  S  T  R  A  S  S  E  Z  I
I  R  P  L  E  O  M  O  T  O  R  J  J  Z
V  O  R  S  I  C  H  T  F  V  P  R  G  E
C  P  Q  H  H  P  N  W  Q  F  A  C  O  N
S  I  C  H  E  R  H  E  I  T  J  Y  Y  Z
```

UNFALL	KARTE
LKW	MOTORRAD
AUTO	MOTOR
BRENNSTOFF	FUSSGÄNGER
VORSICHT	GEFAHR
STRASSE	POLIZEI
BREMSEN	SICHERHEIT
GARAGE	TRANSPORT
GAS	VERKEHR
LIZENZ	TUNNEL

2 - Atividades

```
U  G  W  A  K  T  I  V  I  T  Ä  T  S  H
O  A  A  C  N  P  K  U  N  S  T  Z  P  U
H  R  N  Q  O  G  G  B  J  A  G  D  I  N
N  T  D  E  F  R  E  I  Z  E  I  T  E  G
G  E  E  D  Q  H  M  L  E  S  E  N  L  K
M  N  R  F  K  L  Ä  U  N  B  S  O  E  V
V  A  N  Ä  Y  M  L  F  K  R  X  R  X  J
L  R  G  H  J  K  D  R  P  D  T  M  K  A
H  B  D  I  N  T  E  R  E  S  S  E  N  X
K  E  U  G  E  V  E  R  G  N  Ü  G  E  N
T  I  U  K  M  I  A  K  A  D  U  B  M  E
W  T  D  E  S  D  J  Z  Y  M  E  O  V  V
C  W  N  I  E  G  W  U  F  R  I  M  F  H
B  F  O  T  O  G  R  A  F  I  E  K  R  C
```

KUNST	GARTENARBEIT
AKTIVITÄT	SPIELE
JAGD	FREIZEIT
WANDERN	LESEN
KERAMIK	MAGIE
FOTOGRAFIE	ANGELN
FÄHIGKEIT	GEMÄLDE
INTERESSEN	VERGNÜGEN

3 - Churrascos

```
E  M  I  T  T  A  G  E  S  S  E  N  R  K
Q  I  H  E  I  S  S  W  L  G  C  N  X  I
M  C  N  A  T  O  M  A  T  E  N  R  M  N
P  O  F  L  R  O  Y  E  M  Y  J  P  D
F  S  I  O  A  H  X  O  S  Ü  A  N  F  E
R  A  I  S  E  D  B  H  D  S  B  D  E  R
U  L  M  P  D  G  U  U  G  E  E  G  F  P
C  A  U  I  K  U  C  N  P  E  N  R  F  U
H  T  S  E  L  V  H  G  G  Q  D  I  E  P
T  E  I  L  T  I  C  E  Y  L  E  L  R  H
C  L  K  E  B  B  E  R  O  G  S  L  R  U
S  O  M  M  E  R  K  S  S  O  S  S  E  H
H  Q  B  J  E  P  S  A  L  Z  E  B  L  N
X  V  L  Z  Y  D  S  O  M  Y  N  F  D  U
```

MITTAGESSEN	SPIELE
EINLADUNG	GEMÜSE
KINDER	SOSSE
MESSER	MUSIK
FAMILIE	PFEFFER
HUNGER	HEISS
HUHN	SALZ
FRUCHT	SALATE
GRILL	TOMATEN
ABENDESSEN	SOMMER

4 - Pesca

```
F L U S S Z G N C N K D A S
K Z X K F K O R B H O R U T
L A L I I L P Z D B C A S R
Q M K I V E O B W K H H H R A
W A S S E R M S N O E T Ü N
G O M A H K Y E S Z N U S D
E A G Y V J I E N E R M T W
D F M V V T D E P A N N U O
U I A D O W Q M F N L K N L
L V Q L I F Q S Z E O Ö G B
D N C F N W O C X Q R D S H
B O O T N A V W X H C E T P
G E W I C H T G D U M R P M
H A K E N C W G C O H V O Q
```

WASSER
FLOSSEN
BOOT
KIEMEN
KORB
KOCHEN
AUSRÜSTUNG
DRAHT
HAKEN

KÖDER
SEE
KIEFER
OZEAN
GEDULD
GEWICHT
STRAND
FLUSS

5 - Geologia

```
S T A L A K T I T Z K Y R T
N R Z F G P T E I D O Z S B
M R O A O K A N C V R N T M
P Q N Q G S T E I N A T A I
L U E R E K S S I E L K L N
A A Z A F R S I L S L A A E
T R V N L I D U L Z E L G R
E Z U A U S S B P Z R Z M A
A G L F M T Ä H E C U I I L
U L K V R A U Ö S B O U T I
Q S A L Z L R H M U E M E E
O W N M A L E L D V H N N N
A I J W M E U E R O S I O N
V R E K O N T I N E N T U D
```

SÄURE	LAVA
HÖHLE	MINERALIEN
KALZIUM	STEIN
KONTINENT	PLATEAU
KORALLE	QUARZ
KRISTALLE	SALZ
EROSION	ERDBEBEN
STALAKTIT	VULKAN
STALAGMITEN	ZONE
FOSSIL	

6 - Móveis

```
K O M M O D E Y S J E Q S I
G H Z Y N R E G A L W S C L
C Ä R N D T E P P I C H H W
I N K T I Q C V B U A W R U
J G U Y Z H M G U A S I E S
S E S S E L B E T T N U I J
T M M E K I S S E N S K B C
U A M A N V P P N P D T T O
H T F U T O N I I C F Z I U
L T J H U R M Z I E S J S C
I E D J M H A F Q I G W C H
K S O R P A H T N Q J E H P
H E F D R N W O Z P Z H L Q
G W O Q A G P Y E E T Z G V
```

KISSEN   FUTON
BANK   HÄNGEMATTE
STUHL   SCHREIBTISCH
BETT   SESSEL
MATRATZE   REGAL
VORHANG   COUCH
KOMMODE   TEPPICH
SPIEGEL

7 - Tempo

```
G  G  K  V  P  H  G  S  Z  M  J  A  C  H
L  H  A  Q  T  I  E  T  T  O  Ä  G  V  N
J  Y  X  O  A  P  S  K  K  M  H  T  T  S
A  K  C  C  G  Z  T  K  U  E  R  J  S  M
H  E  U  T  E  U  E  I  K  N  L  A  V  O
R  X  E  M  M  K  R  N  J  T  I  H  J  R
H  A  Q  O  I  U  N  A  A  K  C  R  E  G
U  A  E  N  T  N  X  C  H  L  H  I  T  E
N  X  F  A  T  F  U  H  R  H  M  Z  N
D  Z  E  T  A  T  R  T  Z  O  X  C  T  U
E  O  V  P  G  K  A  L  E  N  D  E  R  Z
R  W  O  C  H  E  I  E  H  G  S  E  G  Q
T  A  R  X  R  W  N  Q  N  F  O  J  V  R
S  T  U  N  D  E  Q  C  T  B  E  L  Q  S
```

JETZT	MORGEN
JAHR	MITTAG
VOR	MONAT
JÄHRLICH	MINUTE
KALENDER	MOMENT
JAHRZEHNT	NACHT
TAG	GESTERN
ZUKUNFT	UHR
HEUTE	WOCHE
STUNDE	JAHRHUNDERT

8 - Astronomia

```
S H I M M E L L V C N R V F
K C U R O R R A K E T E W I
S O H B C D L M A J W F W N
T V N W G E N E B E L B S S
R N S S E A S T R O N A U T
A N J O T R N E C T P R O E
H H K H F E K O M L L S X R
L C I C P H L R C O A X Y N
U Z I I I S I L A C N W X I
N G A L A X I E A F E D F S
G A S T R O N O M T T L Q O
S S M M A S T E R O I D Z L
K O S M O S U P E R N O V A
M M O U N I V E R S U M N R
```

ASTEROID	MOND
ASTRONAUT	METEOR
ASTRONOM	NEBEL
HIMMEL	PLANET
KONSTELLATION	STRAHLUNG
KOSMOS	SOLAR
FINSTERNIS	SUPERNOVA
RAKETE	ERDE
GALAXIE	UNIVERSUM
SCHWERKRAFT	

9 - Circo

```
X  W  R  P  T  Z  E  L  T  M  U  S  I  K
L  Ö  W  E  R  A  H  U  Z  L  N  Y  K  R
Q  B  O  A  I  U  V  W  U  X  T  C  N  P
O  A  M  P  C  B  F  Y  S  I  E  X  F  A
V  L  C  Z  K  E  R  P  C  E  R  A  A  R
K  L  H  R  T  R  T  X  H  A  H  K  H  A
J  O  N  G  L  E  U  R  A  C  A  R  R  D
C  N  S  V  W  R  W  A  U  W  L  O  K  E
B  S  Q  T  I  G  E  R  E  D  T  B  A  L
T  O  M  I  Ü  U  Z  S  R  C  E  A  R  E
A  J  K  E  B  M  A  G  I  E  N  T  T  F
G  F  G  R  C  L  O  W  N  O  G  I  E  A
E  B  F  E  A  P  A  X  K  J  F  Q  T  N
N  S  P  E  K  T  A  K  U  L  Ä  R  O  T
```

AKROBAT	AFFE
TIERE	MAGIE
BALLONS	JONGLEUR
FAHRKARTE	ZAUBERER
PARADE	MUSIK
ELEFANT	CLOWN
UNTERHALTEN	ZELT
ZUSCHAUER	TIGER
SPEKTAKULÄR	KOSTÜM
LÖWE	TRICK

10 - Acampamento

```
A  J  I  N  A  T  U  R  Q  B  S  A  Q  E
P  P  N  J  Z  C  I  O  O  R  E  P  O  O
O  R  S  A  E  G  W  E  F  X  I  A  R  D
Q  Y  E  L  G  A  P  R  C  L  U  P  Q
M  K  K  D  T  M  L  Q  Q  E  R  S  P  N
K  A  T  L  H  S  D  W  S  R  K  R  A  B
O  B  C  U  Q  E  K  Q  Q  P  X  Ü  P  I
M  I  F  L  B  E  I  H  U  T  Q  S  F  K
P  N  S  E  Ä  D  C  Q  P  Q  M  T  L  A
A  E  R  B  U  A  B  E  N  T  E  U  E  R
S  C  M  C  M  E  Y  J  B  K  A  N  U  T
S  U  O  C  E  E  R  Z  H  E  C  G  D  E
H  Ä  N  G  E  M  A  T  T  E  R  B  P  V
N  A  D  Y  G  D  F  Y  V  N  D  G  A  K
```

TIERE	WALD
ABENTEUER	FEUER
BÄUME	INSEKT
KOMPASS	SEE
KABINE	MOND
JAGD	HÄNGEMATTE
KANU	KARTE
HUT	BERG
SEIL	NATUR
AUSRÜSTUNG	ZELT

11 - Emoções

```
L H J S O Z T K P Y F H E Q
A A B E S C H Ä M T R M N S
N V N E S R D S Y O E F T Y
G J Y G L C W A G J U S S M
S A Y Q E S S W K K D O P P
T T I X T W Y N S O E F A A
P Z P V M U E A J X T N N T
S R T Z U F R I E D E N N H
W U T H E P H K L M R O T I
L H F R I E D E N E U B F E
E I N H A L T S T J H G Y W
A G E D A N K B A R E C U C
I T Z B G F H G S J J Y W X
A U F G E R E G T A E E B P
```

FREUDE   FRIEDEN
LIEBE   WUT
AUFGEREGT   ENTSPANNT
RUHIG   ZUFRIEDEN
INHALT   SYMPATHIE
BESCHÄMT   LANGEWEILE
DANKBAR   RUHE
ANGST

12 - Ficção Científica

```
F A N T A S T I S C H O Q X
E E Z R X G K L Q C I R P T
R B U K B A A I Q X L A I W
N Ü D E Z L T J N X L K T D
W C Y M R A O L C O U E E Q
Y H S Q X X M V G P S L P E
U E T F Y I I M A G I N Ä R
H R O H Z E C M J F O W A O
E X P L O S I O N W N E P B
Q N I K E X T R E M Q L L O
I T E U T O P I E E T T A T
F U T U R I S T I S C H N E
X C T E C H N O L O G I E R
S F M E U K C G Y H R H T E
```

ATOMIC
KINO
FERN
DYSTOPIE
EXPLOSION
EXTREM
FANTASTISCH
FEUER
FUTURISTISCH
GALAXIE

ILLUSION
IMAGINÄR
BÜCHER
WELT
ORAKEL
PLANET
ROBOTER
TECHNOLOGIE
UTOPIE

13 - Mitologia

```
K K R E A T I O N O T L G V
R A M O N S T E R T J A T E
E L T I R H E L D I N B D R
A E K A E O I J U D Y Y P H
T G R B S J F R R I S R X A
U E I Q T T E M V M Y I B L
R N E R Ä M R D A S M N L T
K D G A R D S O K G Z T I E
C E E C K A U N P U I H T N
P W R H E G C N I H L S Z F
Q E F E U L H E L D E T C S
H O M Y I H T R N G G F U H
T R I U M P H I E R E N D R
A R C H E T Y P V G Y U I F
```

ARCHETYP	HELD
EIFERSUCHT	LABYRINTH
VERHALTEN	LEGENDE
KREATION	MAGISCH
KREATUR	MONSTER
KULTUR	BLITZ
KATASTROPHE	TRIUMPHIEREND
STÄRKE	DONNER
KRIEGER	RACHE
HELDIN	

14 - Medições

```
V Z V O L U M E N D J H G T
T H O H K I L O M E T E R N
M Ö R L M A S S E Z V J A L
K H W S L P W H B I T N D Z
G E W I C H T O Z M E T E R
Y P U M I N U T E A U N Z E
B R E I T E I N N L I Y R U
Y J Y F H I J J T B Ä R V Z
T H E C D U E K I G C N M T
E D R T B G P F M W B O G L
Q I O H C R D I E T O N N E
X Q E X F A N Y T X D T D U
A T Q Y H M G X E L I T E R
N F T G T M K P R X V P V W
```

HÖHE
BYTE
ZENTIMETER
LÄNGE
DEZIMAL
GRAMM
GRAD
BREITE
LITER
MASSE

METER
MINUTE
UNZE
GEWICHT
ZOLL
TIEFE
KILOMETER
TONNE
VOLUMEN

15 - Plantas

```
B  G  P  T  N  F  G  P  W  F  M  I  B  K
E  W  R  B  I  L  A  U  B  P  M  R  A  R
E  B  A  A  I  O  R  H  O  Z  X  Q  M  A
R  K  E  L  S  R  T  D  H  P  E  B  B  U
E  B  H  F  D  A  E  O  N  U  B  U  U  T
N  A  K  D  E  Z  N  Y  E  S  L  S  S  V
J  U  A  Ü  Z  U  M  O  O  S  U  C  E  J
G  M  K  N  W  C  C  A  M  X  M  H  W  Z
V  D  T  G  E  A  U  D  W  B  E  D  Z  R
Q  A  U  E  H  S  B  I  U  L  F  C  I  Y
R  F  S  R  K  Q  B  Y  R  V  H  Y  J  B
O  A  O  B  V  P  B  C  Z  F  R  E  Y  R
B  O  T  A  N  I  K  J  E  H  T  E  T  R
Z  B  L  Ü  T  E  N  B  L  A  T  T  D  S
```

BUSCH	FLORA
BAUM	WALD
BEERE	LAUB
BAMBUS	GRAS
BOTANIK	EFEU
KAKTUS	GARTEN
KRAUT	MOOS
BOHNE	BLÜTENBLATT
DÜNGER	WURZEL
BLUME	

16 - Veículos

```
H A P M Y Y R C Y W L B A X
U U Q V R O L L E R L O U L
W B B A J U Y V B J L O T S
O O F S T B V K A M O T O R
H O L F C A F L U G Z E U G
N T O A M H X T R A K T O R
W P S H F N R I X P C M A F
A R S R C J V A N P R V W Ä
G D R R X M U G U G A F J H
E K C A D V Y U V B K W K R
N F Y D C X T L F M E D N E
R E I F E N Q K D N T R D W
K R A N K E N W A G E N H C
E N Y N U D S G E B D L A P
```

KRANKENWAGEN   HUBSCHRAUBER
FLUGZEUG   FLOSS
FÄHRE   ROLLER
BOOT   U-BAHN
FAHRRAD   MOTOR
LKW   BUS
WOHNWAGEN   REIFEN
AUTO   U-BOOT
RAKETE   TAXI
VAN   TRAKTOR

17 - Restaurante # 2

```
M V O R S P E I S E F E M D
I V O O R D M W V Y R B S Q
T S W S H O H L D F U M E A
T A A D K Ö S T L I C H E A
A L S L R P P Z Ö S H G K U
G Z S T A I E V F C T N J T
E C E B B T T W F H G U H J
S G R J Z T K A E E E D H I
S E I S G T B U L V M E B L
E W D R A T O Q C Z Ü L Y N
N Ü J X B V L F V H S N O D
L R A B E N D E S S E N N Y
E Z G M L S U P P E K N U V
G E T R Ä N K K E L L N E R
```

MITTAGESSEN	KELLNER
VORSPEISE	GABEL
WASSER	EIS
GETRÄNK	ABENDESSEN
KUCHEN	GEMÜSE
STUHL	NUDELN
LÖFFEL	FISCH
KÖSTLICH	SALZ
GEWÜRZE	SALAT
FRUCHT	SUPPE

18 - Países #2

```
Z L J T M V N M E X I K O I
D F M O B F E I L B G D H N
J Ä N R L Y P U G A N D A D
P S N A L B A N I E N V U O
Y A T E J I L L E O R I F N
J A K G M H H I X C Q I R E
A L L I B A N O N S U R A S
P L K T S I R V I O J U N I
A E H X N T D K R M W S K E
N D U A W I A G L A O S R N
U K R A I N E N A L M L E V
I N S Y R I E N N I W A I D
J A M A I K A K D A P N C D
G R I E C H E N L A N D H L
```

ALBANIEN	LIBANON
DÄNEMARK	MEXIKO
FRANKREICH	NEPAL
GRIECHENLAND	NIGERIA
HAITI	PAKISTAN
INDONESIEN	RUSSLAND
IRLAND	SYRIEN
JAMAIKA	SOMALIA
JAPAN	UKRAINE
LAOS	UGANDA

19 - Cozinha

```
G A B E L N K E L L E E V P
J O F E N P X Q T A S S E N
S C H Ü S S E L Y L C S N K
G R I L L S B V G Q H S M Ü
G S L Ö F F E L D S Ü T T H
E R E U S K J N C K R Ä S L
W M E R M E S S E R Z B C S
Ü K Q Z V K N Q H M E C H C
R E Q P E I D J W C V H W H
Z K F N O P E O L I K E A R
E J U S E N T T A G R N M A
X V Q C L M X X T U U U M N
H L D G H L F X X E G E L K
W A S S E R K O C H E R C R
```

SCHÜRZE
WASSERKOCHER
LÖFFEL
ESSEN
KELLE
TASSEN
GEWÜRZE
SCHWAMM
MESSER

OFEN
GABELN
KÜHLSCHRANK
GRILL
SERVIETTE
KRUG
ESSSTÄBCHEN
REZEPT
SCHÜSSEL

20 - Brinquedos

```
L F X B S M H G M J S T W F
G O P O Y P A U E R C H B A
F N R O T W I E P X H S B H
A D D T M B G E D P A E Ü R
V B C O W A V D L L C A C R
O D B N T L W L U E H Z H A
R V S N D L Q P U P P E E D
I S C H L A G Z E U G X R K
T D R A C H E N A B I B G R
U I G R Q B A R C U Z H N Q
M N W N S D R O B O T E R W
P H A N T A S I E N M O O T
K U N S T H A N D W E R K Y
L K W F L U G Z E U G S W G
```

TON   AUTO
KUNSTHANDWERK   FAVORIT
FLUGZEUG   PHANTASIE
BOOT   SPIELE
SCHLAGZEUG   BÜCHER
FAHRRAD   DRACHEN
BALL   ROBOTER
PUPPE   SCHACH
LKW

21 - Verão

```
L O F O S P I E L E W V E C
P H L X Y T T A U C H E N A
R E I S E M E E R D N Q T M
M U O B X R F R E U D E S P
F R E I Z E I T N G T Z P I
R B X F B Z Y I S E U Q A N
E C C R R Ü I V D M Z G N G
U Q Q P C P C U S T R A N D
N V V O S B V H D K E R U T
D F A M I L I E E T S T N F
E M U S I K B N L R X E G N
S A N D A L E N Q O I N R W
R G T H K Z I I L U P C B U
A B B R V K Z K O J R T E K
```

CAMPING	BÜCHER
FREUDE	MEER
FREUNDE	TAUCHEN
STERNE	MUSIK
FAMILIE	STRAND
GARTEN	ENTSPANNUNG
SPIELE	SANDALEN
FREIZEIT	REISE

22 - Material de Arte

```
P  L  B  T  F  A  R  B  E  N  K  K  O  S
S  A  E  K  W  X  A  L  D  G  R  A  E  K
D  T  P  I  Z  U  D  E  I  W  E  M  G  B
S  Y  U  I  M  I  I  C  B  A  E  W  K
T  X  R  H  E  K  E  S  X  Z  T  R  B  J
A  Q  W  W  L  R  R  T  I  P  I  A  N  P
F  R  G  D  W  Y  G  I  T  B  V  T  E  A
F  Y  C  P  Z  Z  U  F  A  M  I  U  V  Q
E  T  O  N  G  R  M  T  B  D  T  L  W  A
L  T  I  N  T  E  M  E  E  H  Ä  A  A  C
E  N  L  U  K  Y  I  Ö  L  S  T  E  S  R
I  J  E  K  P  L  Z  E  L  F  Y  Y  S  Y
H  O  L  Z  K  O  H  L  E  R  R  T  E  L
B  Ü  R  S  T  E  N  H  T  G  E  W  R  V
```

ACRYL	FARBEN
RADIERGUMMI	KREATIVITÄT
TON	BÜRSTEN
WASSER	BLEISTIFTE
STUHL	TABELLE
HOLZKOHLE	ÖL
STAFFELEI	PAPIER
KAMERA	TINTE
LEIM	

23 - Números

```
Z D I M T J O X G K O F A Q
L W Q J H W K R I P C Ü Q N
P T Ö I R O S N Z E H N P H
M J S L S D R E I A N F O F
S H R W F H A U C C N X E V
I R O F O O J N M H N U L L
E V I E R Z E H N T S V O Z
B I X J W D R E I Z E H N W
Z G E A C H T Z E H N S F A
E W V I E R W F I W V I X N
H S E C H Z E H N G O E I Z
N X G I Q G U C S H E B J I
F Ü N F Z E H N X H Q E S G
D E Z I M A L B V E L N E I
```

FÜNF	VIERZEHN
DEZIMAL	VIER
ZEHN	FÜNFZEHN
SECHZEHN	SECHS
SIEBZEHN	SIEBEN
ACHTZEHN	DREIZEHN
ZWEI	DREI
ZWÖLF	EINS
NEUN	ZWANZIG
ACHT	NULL

24 - Ferramentas

```
S  W  F  H  A  M  M  E  R  Z  T  O  R  U
C  Q  S  E  I  L  K  R  J  A  T  T  S  I
H  C  A  F  Y  X  A  C  R  N  Q  W  X  F
A  D  B  T  A  F  B  H  W  G  D  R  T  S
U  D  Z  K  X  U  E  T  E  E  N  Z  A  A
F  J  H  L  T  R  L  A  K  F  V  V  H  D
E  U  R  A  M  E  S  S  E  R  T  L  K  B
L  E  I  M  Y  H  C  S  W  C  E  E  W  J
A  Z  W  M  S  F  H  P  C  G  C  I  R  G
H  A  A  E  X  S  R  Y  T  H  L  T  A  Q
H  W  H  R  K  V  A  G  D  Y  E  E  I  Y
F  A  C  K  E  L  U  Q  C  V  N  R  R  G
S  K  A  S  D  D  B  Y  B  Q  L  R  E  V
V  A  R  A  S  I  E  R  E  R  U  V  C  E
```

ZANGE	AXT
KABEL	HAMMER
LEIM	RASIERER
SEIL	SCHRAUBE
LEITER	SCHAUFEL
MESSER	RAD
HEFTER	SCHERE
HEFTKLAMMER	FACKEL

25 - Especiarias

```
K C L Y N R I I E K F M X Z
N R U Y J E D S M O E U V I
V J E R S O Y A Z R N S A M
P K W U R D E F K I C K A T
S G G R Z Y A R A A H A N K
P T T T T K B A R N E T I I
S Ü S S G K Ü N D D L N S N
V A N I L L E M A E H U A G
L A K R I T Z E M R V S U W
Z W I E B E L Z O E I S E E
S B I T T E R Q M S L H R R
K K N O B L A U C H S A L Z
G E S C H M A C K N U R W Q
P F E F F E R O H P W E H J
```

SAFRAN	ZWIEBEL
LAKRITZE	KORIANDER
KNOBLAUCH	KREUZKÜMMEL
BITTER	SÜSS
ANIS	FENCHEL
SAUER	INGWER
VANILLE	MUSKATNUSS
ZIMT	PFEFFER
KARDAMOM	GESCHMACK
CURRY	SALZ

26 - Aniversário

```
F  E  L  T  T  F  B  K  A  I  K  V  Z  L
E  R  I  F  V  U  J  U  W  V  S  W  G  E
U  X  E  N  E  O  R  G  G  F  T  S  V  R
E  L  D  U  L  H  Z  K  E  R  Z  E  N  N
A  H  H  N  N  A  P  P  U  E  W  K  X  E
U  K  X  H  S  D  D  J  E  U  H  T  Q  N
J  A  H  R  P  X  E  U  U  D  O  C  Z  W
P  R  L  F  E  I  E  R  N  I  S  W  Q  E
O  T  C  Q  Z  N  R  C  J  G  Y  K  F  I
Z  E  I  T  I  G  E  B  O  R  E  N  N  S
R  N  W  K  A  L  E  N  D  E  R  N  J  H
J  U  N  G  L  G  E  S  C  H  E  N  K  E
J  K  U  C  H  E  N  L  X  U  D  O  S  I
Y  T  E  H  G  L  Ü  C  K  L  I  C  H  T
```

FREUDIG

FREUNDE

JAHR

LERNEN

KUCHEN

KALENDER

LIED

KARTEN

FEIER

EINLADUNGEN

TAG

GESCHENK

SPEZIAL

GLÜCKLICH

JUNG

GEBOREN

WEISHEIT

ZEIT

KERZEN

27 - Casa

```
S  B  E  S  E  N  R  W  Z  A  U  N  A  D
P  J  I  W  I  M  K  A  M  I  N  X  J  E
I  I  W  A  V  K  I  S  H  V  M  S  G  C
E  W  Y  N  V  T  H  S  F  F  B  M  D  K
G  M  G  D  S  F  Ü  E  D  J  I  G  E  E
E  M  Ö  B  E  L  C  R  V  C  B  A  E  R
L  D  U  S  C  H  E  H  O  A  L  R  K  V
F  E  N  S  T  E  R  A  R  G  I  T  Ü  F
C  S  S  S  E  K  L  H  H  A  O  E  C  K
M  X  Y  P  P  R  N  N  A  R  T  N  H  A
G  Z  Y  X  P  S  U  I  N  A  H  T  E  F
B  U  K  I  I  P  O  Y  G  G  E  U  T  R
P  Z  D  I  C  P  I  T  B  E  K  S  B  P
T  D  A  C  H  B  O  D  E  N  V  L  H  R
```

BIBLIOTHEK	MÖBEL
ZAUN	WAND
DUSCHE	TÜR
VORHANG	ZIMMER
KÜCHE	DACHBODEN
SPIEGEL	TEPPICH
GARAGE	DECKE
FENSTER	WASSERHAHN
GARTEN	BESEN
KAMIN	

28 - Vegetais

```
I  N  G  W  E  R  K  S  Y  K  T  A  Z  S
Q  O  A  U  B  E  R  G  I  N  E  S  W  C
E  P  I  L  Z  P  D  N  A  O  O  B  I  H
L  T  O  M  A  T  E  E  R  B  S  E  E  A
S  E  L  L  E  R  I  E  T  L  A  K  B  L
R  B  G  Z  H  C  E  B  I  A  L  A  E  O
X  E  A  U  Q  V  C  R  S  U  A  R  L  T
Y  G  T  U  R  H  A  O  C  C  T  O  A  T
U  H  B  T  U  K  Y  K  H  H  R  T  L  E
W  M  A  Q  I  R  E  K  O  M  R  T  V  H
D  Z  B  K  X  C  I  O  C  V  Z  E  K  H
R  Ü  B  E  B  X  H  L  K  Ü  R  B  I  S
S  P  I  N  A  T  T  I  E  U  X  Y  E  M
T  K  A  R  T  O  F  F  E  L  H  D  V  S
```

KÜRBIS	PILZ
SELLERIE	ERBSE
ARTISCHOCKE	SPINAT
KNOBLAUCH	INGWER
KARTOFFEL	RÜBE
AUBERGINE	GURKE
BROKKOLI	RETTICH
ZWIEBEL	SALAT
KAROTTE	TOMATE
SCHALOTTE	

29 - Exploração

```
F  W  H  K  O  E  S  U  C  H  E  L  K  B
E  S  I  G  N  R  P  N  Z  J  S  E  U  A
R  R  H  L  F  S  R  B  E  A  A  R  L  K
N  M  C  R  D  C  A  E  N  U  A  N  T  T
Q  S  T  E  L  H  C  K  T  F  I  E  U  I
L  Q  A  O  O  Ö  H  A  D  R  Q  N  R  V
L  T  Y  A  Q  P  E  N  E  E  D  V  E  I
Y  P  G  S  L  F  V  N  C  G  C  H  N  T
R  B  Q  I  H  U  U  T  K  U  M  U  T  Ä
T  C  K  Z  O  N  C  R  U  N  G  C  S  T
G  I  B  X  F  G  T  Z  N  G  W  F  A  L
A  R  E  I  S  E  O  D  G  S  Q  L  M  G
E  T  C  R  A  U  M  G  E  L  Ä  N  D  E
A  G  J  G  E  F  A  H  R  E  N  Z  N  A
```

TIERE	RAUM
LERNEN	ERSCHÖPFUNG
AKTIVITÄT	AUFREGUNG
SUCHE	SPRACHE
MUT	NEU
KULTUREN	GEFAHREN
ENTDECKUNG	WILD
UNBEKANNT	GELÄNDE
FERN	REISE

30 - Balé

```
S  M  W  P  P  E  I  E  P  T  M  C  K  Q
J  O  J  M  X  R  F  G  U  G  H  H  Ü  C
B  U  L  C  J  O  A  H  B  J  Y  O  N  A
M  O  H  O  C  S  O  X  L  R  D  R  S  P
A  O  K  O  M  P  O  N  I  S  T  E  T  P
J  A  U  S  D  R  U  C  K  S  V  O  L  L
S  W  Q  Y  A  K  H  C  U  A  L  G  E  A
P  R  O  B  E  N  L  E  M  T  F  R  R  U
T  Ä  N  Z  E  R  M  S  T  I  L  A  I  S
T  E  C  H  N  I  K  U  T  A  X  P  S  M
K  H  Z  G  E  S  T  E  T  M  U  H  C  U
F  Ä  H  I  G  K  E  I  T  I  U  I  H  S
B  A  L  L  E  R  I  N  A  V  G  E  V  I
R  H  Y  T  H  M  U  S  L  L  W  V  N  K
```

APPLAUS	GESTE
KÜNSTLERISCH	ANMUTIG
BALLERINA	FÄHIGKEIT
KOMPONIST	MUSIK
CHOREOGRAPHIE	PRAXIS
TÄNZER	PUBLIKUM
PROBE	RHYTHMUS
STIL	SOLO
AUSDRUCKSVOLL	TECHNIK

31 - Conservação

```
L F R E I W I L L I G E V V
P E S T I Z I D E G P R T R
Z U B C N D H E W H P F Q N
Y W I E G E S U N D H E I T
K W L L N A T Ü R L I C H H
L Z D A N S R E C Y C E L N
U U U Q D O R G A N I S C H
S S N U Q B A A W A S S E R
W Q G R Ü N C Q U M W E L T
J Ö K O S Y S T E M Q L Q L
N A C H H A L T I G E J Y A
V E R S C H M U T Z U N G X
X W R E D U Z I E R E N Y J
D Q S Z S K L I M A A N Y F
```

UMWELT
WASSER
ZYKLUS
KLIMA
ÖKOSYSTEM
BILDUNG
LEBENSRAUM
NATÜRLICH
ORGANISCH

PESTIZID
VERSCHMUTZUNG
RECYCELN
REDUZIEREN
GESUNDHEIT
NACHHALTIG
GRÜN
FREIWILLIGE

32 - Adjetivos #1

```
G D A W R I E S I G A G M I
D U B L I S C H W E R R G D
V N S C A C U C G U O O E E
U K O P S N H M J H M S P N
M E L N Q T G T E K A S E T
R L U N C O P S I E T Z R I
T V T Y S N M A A G I Ü F S
A T T R A K T I V M S G E C
G E X O T I S C H O C I K H
A R S G T E Q X P D H G T B
K N O D Ü N N A Z E B I Y D
V S I S Z Y C E H R L I C H
M T K Y S D N W M N Z R Y Q
G E H E I M N I S V O L L Z
```

ABSOLUT	EHRLICH
AROMATISCH	IDENTISCH
ATTRAKTIV	WICHTIG
RIESIG	LANGSAM
DUNKEL	GEHEIMNISVOLL
EXOTISCH	MODERN
DÜNN	PERFEKT
GROSSZÜGIG	SCHWER
GROSS	ERNST

33 - Insetos

```
A K F B I E N E P T L M Y B
M A R L U U W T N E D Ü H L
E K W P O R X W U R M C E A
I E M Q H H D T Z M O K U T
S R K Ä F E R M C I T E S T
E L F U F R R F Y T T X C L
B A U H Z G U L M E E I H A
P K M A R I E N K Ä F E R U
Y E L D T B K F H X T C E S
F J F H Z E L A R V E K C D
N S I I X I Z Y D V S I K P
H D L Z V J O T W E S P E K
L I B E L L E W V U Z S K T
S C H M E T T E R L I N G X
```

BIENE	LARVE
KAKERLAKE	LIBELLE
KÄFER	MOTTE
SCHMETTERLING	WURM
ZIKADE	MÜCKE
TERMITE	FLOH
AMEISE	BLATTLAUS
HEUSCHRECKE	WESPE
MARIENKÄFER	

34 - Paisagens

```
S  H  F  M  R  I  V  L  R  G  F  R  J  G
M  T  Ö  D  N  F  F  J  S  O  Z  E  A  N
W  T  R  H  I  L  Y  I  V  L  K  T  H  H
T  J  U  A  L  Q  K  D  K  F  L  U  S  S
H  Y  K  G  N  E  L  Q  O  W  I  S  H  U
S  V  P  L  T  D  X  B  G  A  N  E  Ü  M
H  A  L  B  I  N  S  E  L  S  S  E  G  P
J  T  U  N  D  R  A  R  E  S  E  E  E  F
L  O  Q  W  W  Q  V  G  T  E  L  I  L  A
P  P  N  Ü  Q  I  U  R  S  R  J  S  V  Z
A  W  P  S  S  L  J  C  F  V  B  X  L
T  A  L  T  Z  L  K  I  H  A  X  E  B  F
U  Y  M  E  E  R  A  V  E  L  F  R  I  L
J  F  Q  K  Z  W  N  G  R  L  Y  G  X  F
```

WASSERFALL	BERG
HÖHLE	OASE
HÜGEL	OZEAN
WÜSTE	SUMPF
GLETSCHER	HALBINSEL
GOLF	STRAND
EISBERG	FLUSS
INSEL	TUNDRA
SEE	TAL
MEER	VULKAN

35 - Dança

```
K  Ö  R  P  E  R  A  Q  Z  R  T  I  B  D
R  S  P  Y  J  N  N  K  V  K  B  P  V  K
H  P  Z  R  S  W  M  Q  A  W  E  G  E  U
Y  R  F  O  O  U  L  Y  D  W  Z  M  L
T  I  Q  U  P  B  T  F  P  O  E  A  O  T
H  N  S  H  F  A  E  H  Q  A  G  M  T  U
M  G  P  A  R  T  N  E  R  S  U  H  I  R
U  E  W  X  E  H  A  L  T  U  N  G  O  E
S  N  B  K  U  E  W  W  X  P  G  K  N  L
M  A  U  S  D  R  U  C  K  S  V  O  L  L
I  U  V  J  I  K  L  A  S  S  I  S  C  H
K  E  S  B  G  V  I  S  U  E  L  L  X  V
W  J  I  I  H  Y  K  U  N  S  T  A  S  A
H  R  Z  Y  K  K  U  L  T  U  R  W  Y  T
```

AKADEMIE	AUSDRUCKSVOLL
FREUDIG	ANMUT
KUNST	BEWEGUNG
KLASSISCH	MUSIK
KÖRPER	PARTNER
KULTUR	HALTUNG
KULTURELL	RHYTHMUS
EMOTION	SPRINGEN
PROBE	VISUELL

36 - Nutrição

```
F  G  G  E  S  C  H  M  A  C  K  F  S  K
L  E  P  R  O  T  E  I  N  E  O  H  S  P
Ü  S  H  B  S  I  O  B  F  J  H  P  S  T
S  U  P  S  S  H  H  K  K  K  L  V  D  Q
S  N  Y  A  E  A  B  A  P  P  E  T  I  T
I  D  L  U  R  U  I  L  V  Y  N  E  Ä  V
G  N  Ä  H  R  S  T  O  F  F  H  S  T  E
K  T  F  N  O  G  T  R  X  R  Y  S  G  R
E  I  N  J  Q  E  E  I  C  J  D  B  E  D
I  B  T  T  U  W  R  E  A  O  R  A  W  A
T  O  X  I  N  O  U  N  L  P  A  R  I  U
E  U  P  N  J  G  R  T  W  S  T  D  C  U
N  K  N  Y  U  E  D  Q  R  W  E  W  H  N
F  E  R  M  E  N  T  A  T  I  O  N  T  G
```

BITTER
APPETIT
KALORIEN
KOHLENHYDRATE
ESSBAR
DIÄT
VERDAUUNG
AUSGEWOGEN
FERMENTATION

FLÜSSIGKEITEN
SOSSE
NÄHRSTOFF
GEWICHT
PROTEINE
GESCHMACK
GESUND
TOXIN

37 - Disciplinas Científicas

```
Q  K  Z  B  S  G  E  O  L  O  G  I  E  Q
S  W  W  Y  O  O  C  I  E  Y  T  I  I  B
Y  A  Y  P  D  T  Z  N  E  N  H  F  N  I
L  S  X  T  S  B  A  I  V  K  S  X  X  O
U  T  J  M  B  Y  M  N  O  G  D  O  E  L
Q  R  N  W  U  E  C  P  I  L  E  O  K  O
P  O  Z  D  K  N  V  H  K  K  O  E  D  G
A  N  A  T  O  M  I  E  O  H  Y  G  B  I
V  O  R  M  I  N  E  R  A  L  O  G  I  E
O  M  K  I  M  M  U  N  O  L  O  G  I  E
R  I  Ö  K  O  L  O  G  I  E  N  G  F  V
H  E  G  S  X  F  H  O  C  H  E  M  I  E
P  H  Y  S  I  O  L  O  G  I  E  U  Y  E
B  I  O  C  H  E  M  I  E  E  B  N  H  Q
```

ANATOMIE   GEOLOGIE
ASTRONOMIE   IMMUNOLOGIE
BIOLOGIE   MINERALOGIE
BIOCHEMIE   PSYCHOLOGIE
BOTANIK   CHEMIE
ÖKOLOGIE   SOZIOLOGIE
PHYSIOLOGIE

38 - Meditação

```
A T M U N G X M E T Z C R G
F R H Z H A L T U N G A U E
B V E R S T A N D S J G H I
E F H S T I L L E N I F I S
W F N A N N A H M E A K G T
E D R M L K L E H R E T G I
G M M I T G E F Ü H L K U G
U A F R E E R G P M A L I R
N V K E U D N L Q W W A C H
G L Ü C K A E G E E L R B J
I O Y K B N N N F V T H F R
A X S Z C K X F U M H E P F
P E R S P E K T I V E I W X
M I F L G N J I R U E T F G
```

ANNAHME	BEWEGUNG
WACH	MUSIK
LERNEN	NATUR
RUHIG	FRIEDEN
KLARHEIT	GEDANKEN
MITGEFÜHL	PERSPEKTIVE
LEHRE	HALTUNG
GLÜCK	ATMUNG
GEISTIG	STILLE
VERSTAND	

39 - Artes Visuais

```
M  T  S  H  P  G  W  F  O  T  O  W  K  S
E  I  M  F  E  E  T  A  D  T  P  W  R  T
I  Z  O  N  R  M  P  A  C  J  R  O  E  A
S  Y  Y  J  S  Ä  O  P  S  H  C  N  A  F
T  T  F  S  P  L  R  B  C  H  S  J  T  F
E  B  I  K  E  D  T  B  H  O  K  K  I  E
R  I  L  F  K  E  R  K  A  L  U  R  V  L
W  E  M  E  T  T  Ä  W  B  Z  L  E  I  E
E  X  T  F  I  C  T  H  L  K  P  I  T  I
R  E  W  X  V  S  I  Q  O  O  T  D  Ä  E
K  V  P  V  E  D  T  O  N  H  U  E  T  S
K  E  R  A  M  I  K  I  E  L  R  O  A  N
K  Ü  N  S  T  L  E  R  F  E  L  A  C  K
H  A  R  C  H  I  T  E  K  T  U  R  M  G
```

TON	SCHABLONE
ARCHITEKTUR	FILM
KÜNSTLER	FOTO
STIFT	KREIDE
HOLZKOHLE	BLEISTIFT
STAFFELEI	MEISTERWERK
WACHS	PERSPEKTIVE
KERAMIK	GEMÄLDE
KREATIVITÄT	PORTRÄT
SKULPTUR	LACK

40 - Instrumentos Musicais

```
G C E C G F Q F I R M O Q M
E O S M M M C A S M A R K A
B K E D D J C G A V R U I N
K L A V I E R O L R I K I D
U A M B G H S T T L M T X O
K R B M C E T T E N B A V L
B I G I T A R R E G A M N I
E N Q R S K O B O E B B T N
G E I G E N M P O S A U N E
O T S A X O P H O N Y R F B
N T F F A U E T A H A I L A
G E E P U J T Y C R L N Ö N
C E L L O H E Y U A F U T J
T R O M M E L D M Y B E E O
```

MANDOLINE	TAMBURIN
BANJO	KLAVIER
KLARINETTE	SAXOPHON
FAGOTT	TROMMEL
FLÖTE	POSAUNE
GONG	TROMPETE
HARFE	GITARRE
MARIMBA	GEIGE
OBOE	CELLO

41 - Escola #1

```
E M A T H E M A T I K V S B
J B Ü C H E R J D H D C C L
U O I H A L P H A B E T H E
P O T B K Z E Q S B I Q R I
W R N S L L E R N E N U E S
S O Ü G I I G U K J W I I T
S T N F X G O W Z R N Z B I
T O U E U Y V T E F B O T F
I M Y H Q N L E H R E R I T
F F I U L E G O U E B D S W
T T L P A P I E R U K N C N
E R U P I I W B N N G E H U
A N T W O R T E N D W R N A
Q S I N V Z A H L E N U F F
```

ALPHABET
FREUNDE
LERNEN
BIBLIOTHEK
STUHL
STIFTE
PRÜFUNGEN
BLEISTIFT
BÜCHER

MATHEMATIK
SCHREIBTISCH
ZAHLEN
PAPIER
ORDNER
LEHRER
QUIZ
ANTWORTEN

42 - Adjetivos #2

```
N A T Ü R L I C H I N H D S
A U T H E N T I S C H E S A
W U V M Y G E S U N D I U L
I X I O C J F U K O H S M Z
L E Z Y M V D C O R U S V I
D G S P M X U B Y M M M I G
R T L M J S B E G A B T K D
P R O D U K T I V L X P S I
I I N T E R E S S A N T R C
S Z P S B E R Ü H M T X E K
T T W T Q A Q E T U K L I M
O F A P N T M E L E G A N T
L T S R J I E I Q P Z A N K
Z I U P K V T R O C K E N O
```

AUTHENTISCH   NEU
KREATIV   STOLZ
BEGABT   PRODUKTIV
ELEGANT   REIN
BERÜHMT   HEISS
STARK   SALZIG
DICK   GESUND
INTERESSANT   TROCKEN
NATÜRLICH   WILD
NORMAL

43 - Roupas

```
S  C  J  S  O  C  K  E  N  L  H  E  M  D
C  M  E  J  A  C  K  E  C  M  O  Q  I  O
H  R  K  L  R  N  Q  R  I  Y  S  E  B  M
U  T  P  E  M  F  D  P  O  J  E  A  N  S
H  H  V  H  B  B  E  A  B  V  U  A  H  C
H  U  Q  M  A  N  T  E  L  B  R  F  A  H
A  O  L  K  N  F  T  R  H  E  L  R  N  Ü
L  H  M  N  D  M  O  D  E  E  N  U  D  R
S  C  H  L  A  F  A  N  Z  U  G  H  S  Z
K  R  C  R  Z  K  Y  G  D  Y  Ü  U  C  E
E  X  O  P  U  L  L  O  V  E  R  T  H  L
T  K  N  C  N  K  H  F  Y  Q  T  X  U  V
T  R  U  M  K  L  E  I  D  H  E  K  H  Z
E  G  G  S  A  Q  X  G  G  M  L  P  E  W
```

SCHÜRZE	HANDSCHUHE
BLUSE	SOCKEN
HOSE	MODE
HEMD	SCHLAFANZUG
MANTEL	ARMBAND
HUT	ROCK
GÜRTEL	SANDALEN
HALSKETTE	SCHUH
JACKE	PULLOVER
JEANS	KLEID

44 - Herbalismo

```
D  K  P  A  R  O  M  A  T  I  S  C  H  P
O  S  C  F  E  N  C  H  E  L  P  X  T  E
K  N  O  B  L  A  U  C  H  E  E  B  D  T
Q  V  C  M  B  A  S  I  L  I  K  U  M  E
S  A  F  R  A  N  N  T  V  Z  G  Z  B  R
G  G  A  R  T  E  N  Z  G  T  R  U  E  S
Q  U  A  L  I  T  Ä  T  E  H  Ü  T  S  I
O  I  X  J  O  L  G  Z  S  Y  N  A  T  L
R  O  S  M  A  R  I  N  C  M  B  T  R  I
X  Q  F  G  V  T  E  D  H  I  L  J  A  E
M  A  J  O  R  A  N  G  M  A  U  K  G  F
L  A  V  E  N  D  E  L  A  N  M  T  O  F
Q  R  Y  F  D  C  L  G  C  N  E  I  N  W
N  V  B  H  E  V  Y  U  K  B  O  H  Y  R
```

SAFRAN	BASILIKUM
ROSMARIN	MAJORAN
KNOBLAUCH	OREGANO
AROMATISCH	PFLANZE
ESTRAGON	QUALITÄT
BLUME	GESCHMACK
FENCHEL	PETERSILIE
ZUTAT	THYMIAN
GARTEN	GRÜN
LAVENDEL	

45 - Férias #1

```
W  H  J  K  O  F  F  E  R  F  T  Z  J  E
A  Ä  E  X  V  K  E  X  U  A  O  S  O  N
A  W  H  D  V  V  R  P  C  H  U  T  E  T
T  A  F  R  M  A  P  E  K  R  R  R  Y  S
A  R  L  A  U  T  O  D  S  K  I  A  Y  P
S  G  U  B  S  N  U  I  A  A  S  S  U  A
S  R  G  R  E  Y  G  T  C  R  T  S  N  N
E  O  Z  E  U  T  Q  I  K  T  V  E  Q  N
E  U  E  I  M  J  X  O  N  E  W  N  B  U
Z  T  U  S  I  P  O  N  O  G  J  B  S  N
R  E  G  E  N  S  C  H  I  R  M  A  S  G
J  W  Z  O  L  L  Q  L  V  G  X  H  Z  N
T  J  L  U  E  R  V  Y  W  L  C  N  N  L
T  N  C  U  V  H  O  Q  L  B  D  Y  B  C
```

ZOLL	SEE
FLUGZEUG	KOFFER
FAHRKARTE	RUCKSACK
STRASSENBAHN	WÄHRUNG
AUTO	MUSEUM
EXPEDITION	ABREISE
REGENSCHIRM	ENTSPANNUNG
ROUTE	TOURIST

46 - Frutas

```
H K O R A N G E Z P P K A A
P I T R A U B E I K Z O N P
A R M V Z M R G T H T K A R
P S E B E E R E R D P O N I
A C R A E G Y E O G L S A K
Y H X N R E M A N G O N S O
A E Y A Y T R K E Q O U E S
K A X N F P G E B T K S T E
Q I F E A V O C A D O S F Z
O S W E N E K T A R I N E Z
S V K I I A P F E L J H H V
O D V S J G B I R N E G I N
T B R O M B E E R E E D A N
W C P F I R S I C H I N R Z
```

AVOCADO
ANANAS
BROMBEERE
BEERE
BANANE
KIRSCHE
KOKOSNUSS
APRIKOSE
FEIGE
HIMBEERE

KIWI
ORANGE
ZITRONE
APFEL
PAPAYA
MANGO
NEKTARINE
BIRNE
PFIRSICH
TRAUBE

47 - Corpo Humano

```
K  I  N  N  G  E  H  I  R  N  B  E  I  N
N  O  P  O  Q  L  W  Y  C  J  W  L  A  I
Ö  A  P  Y  D  M  Z  V  Z  I  U  L  M  Q
C  L  G  F  N  A  S  E  L  N  X  B  N  O
H  P  W  B  L  U  T  L  A  D  F  O  K  Z
E  P  P  K  O  G  I  H  O  U  L  G  A  J
L  C  W  S  F  E  R  K  I  E  F  E  R  X
J  V  I  M  C  N  N  Q  S  Q  Z  N  A  X
P  M  R  M  O  H  L  A  M  F  F  C  H  A
H  A  U  T  H  E  U  X  I  I  K  T  A  U
E  Y  J  N  R  R  L  L  K  N  I  E  L  R
D  L  H  Z  D  Z  Y  Z  T  G  X  R  S  O
K  B  P  F  K  U  G  K  N  E  A  A  L  N
H  A  N  D  L  J  A  D  T  R  R  K  S  F
```

MUND	AUGE
KOPF	SCHULTER
GEHIRN	OHR
HERZ	HAUT
ELLBOGEN	BEIN
FINGER	HALS
KNIE	KINN
KIEFER	BLUT
HAND	STIRN
NASE	KNÖCHEL

48 - Restaurante #1

```
T  S  C  W  K  T  J  N  U  E  U  L  A  R
E  J  M  Ü  Ü  A  L  L  E  R  G  I  E
L  E  O  X  T  R  C  W  Y  J  B  A  K  S
L  F  F  F  D  M  Z  H  B  S  B  P  P  E
E  M  D  H  D  E  E  I  E  S  S  E  N  R
R  J  E  A  R  N  S  B  G  S  O  S  T  V
S  U  Z  H  E  Ü  W  S  I  A  S  E  B  I
K  A  F  F  E  E  G  M  E  S  S  E  R  E
S  E  R  V  I  E  T  T  E  R  E  W  O  R
K  E  L  L  N  E  R  I  N  H  T  S  T  U
K  A  S  S  I  E  R  E  R  U  V  M  Y  N
F  L  E  I  S  C  H  E  B  H  B  B  P  G
S  C  H  Ü  S  S  E  L  D  N  L  L  W  D
T  K  S  W  E  K  I  G  Q  C  P  R  I  C
```

ALLERGIE   SERVIETTE
KAFFEE   MENÜ
KASSIERER   SOSSE
FLEISCH   BROT
ESSEN   WÜRZIG
KÜCHE   TELLER
MESSER   RESERVIERUNG
HUHN   DESSERT
KELLNERIN   SCHÜSSEL

49 - Caminhada

```
P  G  U  P  U  S  G  X  S  C  V  J  V  S
D  A  E  W  I  L  D  K  T  A  I  F  O  T
I  K  R  F  D  H  E  A  E  M  J  N  R  I
M  Q  X  K  A  B  K  R  I  P  M  L  B  E
D  B  S  L  S  H  N  T  N  I  K  X  E  F
I  Y  G  I  C  D  R  E  E  N  W  T  R  E
T  P  C  P  H  F  D  E  I  G  E  C  E  L
R  U  I  P  W  Ü  T  N  N  L  T  C  I  U
T  V  C  E  E  H  O  R  K  B  T  C  T  G
N  T  S  T  R  R  O  O  L  S  E  M  U  W
B  A  O  R  I  E  N  T  I  E  R  U  N  G
E  C  T  I  E  R  E  D  M  Ü  D  E  G  Q
R  U  N  U  O  I  O  W  A  S  S  E  R  J
G  H  N  R  R  T  R  S  O  N  N  E  Z  C
```

CAMPING	ORIENTIERUNG
TIERE	PARKS
WASSER	STEINE
STIEFEL	KLIPPE
MÜDE	GEFAHREN
KLIMA	SCHWER
FÜHRER	VORBEREITUNG
KARTE	WILD
BERG	SONNE
NATUR	WETTER

50 - Água

```
V  S  K  T  R  W  D  Q  F  K  V  F  A  B
J  E  C  L  M  E  A  K  L  P  O  E  S  E
I  I  R  H  H  L  M  T  U  H  V  U  F  W
C  S  E  D  N  L  P  T  S  U  Q  C  R  Ä
Q  D  G  J  U  E  F  D  S  R  F  H  O  S
N  L  E  S  N  N  E  O  E  R  L  T  S  S
J  T  N  S  Y  J  S  Z  M  I  U  I  T  E
F  O  R  G  Q  K  Q  T  D  K  T  G  X  R
T  R  I  N  K  B  A  R  U  A  Y  K  Q  U
O  M  O  N  S  U  N  S  S  N  H  E  O  N
A  Z  S  J  W  V  T  E  C  G  G  I  S  G
M  G  E  Y  S  I  R  E  H  D  S  T  G  O
A  B  K  A  N  A  L  M  E  C  X  D  N  P
F  P  H  S  N  S  A  H  F  J  G  U  Q  B
```

KANAL	SEE
REGEN	MONSUN
DUSCHE	SCHNEE
VERDUNSTUNG	OZEAN
HURRIKAN	WELLEN
FROST	TRINKBAR
EIS	FLUSS
GEYSIR	FEUCHTIGKEIT
FLUT	DAMPF
BEWÄSSERUNG	

51 - Ecologia

```
G E M E I N S C H A F T R Ü
F N A R H A D X Z I R D E B
A A R F Z C D Ü R R E T S E
U T I B P H C T T C B L S R
N Ü N Z M H S U M P F E O L
A R E N K A Z W K F Q B U E
G L O B A L A N L L B E R B
C I L K W T A A I O E N C E
K C O W C I U G M R R S E N
L H H G R G E R A A G R N K
V E G E T A T I O N E A L L
V I E L F A L T S E X U U U
P F L A N Z E N G H S M Y Z
F R E I W I L L I G E J Q R
```

KLIMA
GEMEINSCHAFT
VIELFALT
ART
FAUNA
FLORA
GLOBAL
LEBENSRAUM
MARINE
BERGE

NATÜRLICH
NATUR
SUMPF
PFLANZEN
RESSOURCEN
DÜRRE
ÜBERLEBEN
NACHHALTIG
VEGETATION
FREIWILLIGE

52 - Família

```
D C U D L G E A X K M M H S
Y J J K A J N V W I K U H C
U T R D L C K X L N I T G H
W L P Q B R E V R D N T R W
M V Ä T E R L I C H D E O E
Ü B R U D E R Q V E J R S S
T O C H T E R I A I S T S T
T B S O V A V E T T E R M E
E B K L M O E H E F R A U R
R O N K E L R R R Y A N T Q
L K I N D E R F Z W L E T C
I E H E M A N N A R A F E O
C N I C H T E H J H P F R N
H T A N T E Y D I G R E H L
```

VORFAHR   MÜTTERLICH
GROSSMUTTER   MUTTER
KIND   ENKEL
KINDER   VATER
EHEFRAU   VÄTERLICH
TOCHTER   VETTER
KINDHEIT   NICHTE
SCHWESTER   NEFFE
BRUDER   TANTE
EHEMANN   ONKEL

53 - Férias #2

```
R E F G Z I E L I L Y S C C
E E M S E M E E R N A H N A
I F S N L V F S K D S F A M
S L F T T U R L A U B E Q P
E U R P A S S T R A N D L I
A G E Q U U F O T O S V Y N
F H I H S I R B I K B I B G
T A Z I L I Y A E A Z S W K
A F E E Ä Q G K N R Z U H P
A E I X N H C O E T G M Z N
O N T X D O M Z X E Z E H M
O K R F E T R A N S P O R T
Y L V G R E W I U T A X I A
M X S X U L P S F B Y S G G
```

CAMPING	MEER
FLUGHAFEN	BERGE
ZIEL	PASS
AUSLÄNDER	STRAND
URLAUB	RESTAURANT
FOTOS	TAXI
HOTEL	ZELT
INSEL	TRANSPORT
FREIZEIT	REISE
KARTE	VISUM

54 - Edifícios

```
G  F  S  L  A  A  Z  G  T  S  Z  L  S  D
A  A  L  Z  W  P  S  C  H  U  L  E  E  M
J  B  B  T  S  E  A  M  E  P  T  L  L  S
K  R  O  W  S  N  V  R  A  E  B  A  Z  T
R  I  T  U  R  M  L  E  T  R  A  B  O  A
A  K  S  C  H  E  U  N  E  M  U  O  S  D
N  I  C  C  I  T  N  G  R  A  E  R  K  I
K  N  H  M  H  Z  P  F  E  R  R  N  N  O
E  O  A  U  D  L  H  H  V  K  N  W  T  N
N  I  F  S  Z  H  O  E  Y  T  H  U  V  L
H  O  T  E  L  L  H  S  S  A  O  C  F  Q
A  B  T  U  I  K  F  R  S  T  F  Z  Z  F
U  O  M  M  G  A  R  A  G  E  C  T  O  Z
S  O  B  S  E  R  V  A  T  O  R  I  U  M
```

APARTMENT	KRANKENHAUS
SCHLOSS	HOTEL
SCHEUNE	LABOR
KINO	MUSEUM
BOTSCHAFT	OBSERVATORIUM
SCHULE	SUPERMARKT
STADION	THEATER
BAUERNHOF	ZELT
FABRIK	TURM
GARAGE	

55 - Praia

```
S  R  N  L  F  V  B  E  W  S  Y  K  C  D
N  E  Z  N  I  X  L  E  Q  O  A  Y  X  O
P  G  S  U  K  U  E  N  G  N  L  N  M  C
L  E  A  P  M  H  M  I  O  N  A  U  D  K
R  N  N  K  Ü  S  T  E  Z  E  G  G  V  L
I  S  D  R  L  G  F  F  E  E  U  R  E  F
F  C  A  A  B  O  O  T  A  R  N  A  J  T
F  H  L  B  L  A  U  I  N  M  E  F  K  U
V  I  E  B  E  N  D  N  O  P  W  E  T  O
Z  R  N  E  B  Y  S  S  M  W  B  D  Q  X
S  M  T  K  F  I  U  E  D  E  O  M  Q  H
M  H  O  D  P  S  H  L  P  B  X  W  G  A
H  R  M  H  A  N  D  T  U  C  H  W  K  N
S  E  G  E  L  B  O  O  T  O  F  I  Y  K
```

SAND	LAGUNE
BLAU	MEER
BOOT	OZEAN
KRABBE	RIFF
KÜSTE	SANDALEN
DOCK	SONNE
REGENSCHIRM	HANDTUCH
INSEL	SEGELBOOT

56 - Ferramentas de Cozinha

```
T O W T A O T A Z S V I N N
G H L Ö F F E L O P G L J M
H A E X X E G Q F A T A Y A
U E B R E I B E E T Q S A D
X X R E M K Z Z N E A D T Q
Y C J D L O B T S L D L O R
U H G H K E M M E W I Q X T
G G R C S C H E R E Z P Q V
J L J Y R B E S T E C K I I
T O A S T E R S I E B P X N
P K R V Z A L E M A R Q Y M
K Ü H L S C H R A N K L T T
W A S S E R K O C H E R F J
E N D E C K E L M I X E R X
```

WASSERKOCHER   KÜHLSCHRANK
SIEB   MIXER
LÖFFEL   REIBE
SPATEL   BESTECK
MESSER   DECKEL
HERD   THERMOMETER
OFEN   SCHERE
GABEL   TOASTER

57 - Xadrez

```
C V A S K Ö N I G I N O K E
H J U P R X D G K D T P Ö R
A S P I E L H I Z J V F N W
M X A E G C F G A M J E I E
P P S L E C Y M V G E R G A
I F S E L I E E P I O D X G
O M I R N I I M G E G N E R
N G V L X O G Z L L P N A Q
W E T T B E W E R B U T U L
Z E G L L E R N E N N V S H
H E I V S H M N M Q K L A A
Q F I S C H W A R Z T S C T
U K D T S T U R N I E R P Z
X S T R A T E G I E B X R O
```

LERNEN   PASSIV
WEISS   PUNKTE
CHAMPION   SCHWARZ
WETTBEWERB   KÖNIGIN
DIAGONAL   REGELN
STRATEGIE   KÖNIG
SPIELER   OPFER
SPIEL   ZEIT
GEGNER   TURNIER

58 - Aventura

```
D G V O R B E R E I T U N G
N B E G E I S T E R U N G Q
H A X L S I C H E R H E I T
C M F R E U D E N E U V T A
H Z G N U G A U S F L U G K
A S C H W I E R I G K E I T
N Q W A F G R N A T U R F I
C T A D D G N O H T R E R V
E O S F N H K P U E Z G E I
S C H Ö N H E I T T I N U T
N A V I G A T I O N E T N Ä
G E F Ä H R L I C H L F D T
S T A P F E R K E I T Y E I
U N G E W Ö H N L I C H P D
```

FREUDE	UNGEWÖHNLICH
FREUNDE	ROUTE
AKTIVITÄT	NATUR
SCHÖNHEIT	NAVIGATION
TAPFERKEIT	NEU
CHANCE	GELEGENHEIT
ZIEL	GEFÄHRLICH
SCHWIERIGKEIT	VORBEREITUNG
BEGEISTERUNG	SICHERHEIT
AUSFLUG	

59 - Floresta Tropical

```
E  I  N  H  E  I  M  I  S  C  H  J  C  G
R  W  I  Q  S  I  L  F  Ü  T  F  J  Y  E
A  E  N  C  Ä  U  L  A  B  H  U  Q  O  M
M  R  S  M  U  M  D  D  E  Z  J  W  Y  E
P  T  E  P  G  Q  L  G  R  U  N  M  L  I
H  V  K  V  E  V  I  E  L  F  A  L  T  N
I  O  T  P  T  K  V  O  E  L  T  R  N  S
B  L  E  X  I  L  T  Y  B  U  U  P  T  C
I  L  N  A  E  I  M  V  E  C  R  V  H  H
E  S  O  G  R  M  E  T  N  H  F  Ö  R  A
N  M  M  H  E  A  F  A  O  T  H  G  I  F
Z  B  O  T  A  N  I  S  C  H  M  E  C  T
U  P  D  O  W  O  L  K  E  N  S  L  M  B
Y  E  A  D  S  C  H  U  N  G  E  L  H  B
```

AMPHIBIEN	MOOS
BOTANISCH	NATUR
KLIMA	WOLKEN
GEMEINSCHAFT	VÖGEL
VIELFALT	ZUFLUCHT
ART	RESPEKT
EINHEIMISCH	DSCHUNGEL
INSEKTEN	ÜBERLEBEN
SÄUGETIERE	WERTVOLL

60 - Cidade

```
B  L  R  C  H  P  A  T  H  F  T  R  X  B
S  K  P  F  R  V  P  N  H  O  L  I  K  O
S  C  H  U  L  E  O  I  Y  E  T  M  G  P
B  A  N  K  B  Q  T  A  L  Y  A  E  A  K
Ä  W  L  T  X  U  H  R  X  A  J  T  L  I
C  N  Z  O  O  B  E  T  Q  S  G  P  E  N
K  I  K  I  N  O  K  P  U  B  Q  V  R  R
E  M  Z  M  U  S  E  U  M  O  Q  G  I  R
R  R  E  S  T  A  U  R  A  N  T  X  E  K
E  Y  Y  W  F  Y  G  M  A  R  K  T  M  A
I  M  N  W  A  F  L  U  G  H  A  F  E  N
B  U  C  H  H  A  N  D  L  U  N  G  W  D
S  U  P  E  R  M  A  R  K  T  A  Y  U  Y
R  H  X  M  N  M  W  S  T  A  D  I  O  N
```

FLUGHAFEN	BUCHHANDLUNG
BANK	MARKT
KINO	MUSEUM
SCHULE	BÄCKEREI
STADION	RESTAURANT
APOTHEKE	SALON
GALERIE	SUPERMARKT
HOTEL	THEATER
ZOO	

61 - Matemática

```
L G S U E X P O N E N T S G
D E Y E M D E Z I M A L U U
U O M V N F Y M O H D E M F
R M M K X K A Z R G A C M Y
C E E T A V R N X F Z Z E J
H T T M X X R E G B Y G Z G
M R R Q Z B R U C H T E I L
E I I H U B Z Z A H L E N E
S E E K C A Y P Z K T B X I
S F V S D K D R E I E C K C
E I E J G P A R A L L E L H
R E C H T E C K A R W B O U
E P A R I T H M E T I K W N
R A D I U S W I N K E L B G
```

ARITHMETIK	ZAHLEN
WINKEL	PARALLEL
UMFANG	SENKRECHT
DEZIMAL	QUADRAT
DURCHMESSER	RADIUS
GLEICHUNG	RECHTECK
EXPONENT	SYMMETRIE
BRUCHTEIL	SUMME
GEOMETRIE	DREIECK

62 - Natureza

```
T  B  C  K  N  W  O  L  K  E  N  H  G  L
R  I  X  N  B  I  A  P  J  V  K  E  U  A
O  W  E  F  L  Y  L  C  W  I  I  X  U
P  F  U  R  B  D  D  P  D  W  O  L  B  B
I  L  R  H  E  Y  W  G  F  A  U  I  I  S
S  U  K  O  W  N  V  Ü  I  R  F  G  E  C
C  S  W  C  W  A  W  Z  S  K  R  T  N  H
H  S  U  H  T  M  G  A  G  T  I  U  E  U
N  E  B  E  L  I  T  E  X  I  E  M  N  T
E  R  S  I  V  S  P  V  E  S  D  G  A  Z
G  L  E  T  S  C  H  E  R  S  L  G  F  T
Y  Q  U  E  A  H  T  A  D  E  I  V  Q  A
Z  O  E  R  O  S  I  O  N  A  C  H  N  M
S  C  H  Ö  N  H  E  I  T  G  H  Z  A  W
```

BIENEN	GLETSCHER
SCHUTZ	NEBEL
TIERE	WOLKEN
ARKTIS	FRIEDLICH
SCHÖNHEIT	FLUSS
WÜSTE	HEILIGTUM
DYNAMISCH	WILD
EROSION	HEITER
WALD	TROPISCH
LAUB	

63 - Preencher

```
U M S C H L A G T Q P O R W
J I C N P A K E T A P I O K
Y D H Z J L R B E W S F H O
D K I C X V U E O F C C R F
G O F V F F G C F X H T H F
Y R F A P L C K X Y U A L E
G B R S S A X E N I B B Z R
E I M E R S P N E C L L S Y
M K A F Q C V D E A A E X S
H T P O T H Y S X F D T F T
Z V P Z G E X Y M N E T N U
M Q E P C U P A F B L W X A
Y H G Z C V B G L G O L K H
R T C R I H N G H J P O H S
```

BECKEN	SCHUBLADE
EIMER	KRUG
TABLETT	KOFFER
FASS	SCHIFF
TASCHE	PAKET
BOX	MAPPE
KORB	ROHR
UMSCHLAG	VASE
FLASCHE	

64 - Animais de Estimação

```
G L X K R A L L E N P B Z M
X X I V Ä K K Z J M H S N A
O K U H E T N A Q H A C B Z
S Y E U Y I Z S T F S H A R
X D A F Y E I C S Z E I Z O
K D N Y B R E H H W E L P E
R K X I Q A G W A E T D K Q
A Y J O K R E A M D N K W R
G H J Q H Z Q N S K I R D I
E H F B G T Z Z T G T Ö Y U
N E I D E C H S E S W T A N
W A S S E R D J R R R E F F
T H C P A P A G E I M A U S
Z H H U N D N I E Q L L K G
```

WASSER
ZIEGE
WELPE
SCHWANZ
HUND
HASE
KRAGEN
KRALLEN
KÄTZCHEN

KATZE
HAMSTER
EIDECHSE
MAUS
PAPAGEI
FISCH
SCHILDKRÖTE
KUH
TIERARZT

65 - Escalada

```
N A Y P H Y S I S C H E F O
H N N U A T I T T D U W Ü M
A Q K T S O J Y Ä S S A H H
N T X U L T D V R R G N R Ö
D E M M T T A V M U K D E H
S X H O A F G B L A M E R L
C P E N S M I J I K A R T E
H E L E T P B G E L Ä N D E
U R M U I S H Ö H E I X G J
H T R G E C C Ä Q Z M T S D
E E G I F H K F R Q U I Ä T
H F K E E M Q O N E S Y C T
W Y B R L A H G O T B S N G
Q I P H F L O L M Q A G Q F
```

HÖHE   STABILITÄT
ATMOSPHÄRE   SCHMAL
STIEFEL   PHYSISCH
WANDERN   STÄRKE
HELM   FÜHRER
HÖHLE   HANDSCHUHE
NEUGIER   KARTE
EXPERTE   GELÄNDE

66 - Aviões

```
P V N A V I G I E R E N Z W
A P Z B H H B L I T K M R A
S V B E R I Ö G L M O O I S
S J G N P O M H S B N T C S
A B S T I E G M E F S O H E
G M H E L H T K E H T R T R
I K J U O A S W H L R K U S
E E U E T O D I P L U Q N T
R F C R E W H V V I K F G O
A U F B L A S E N T T U T F
L A N D U N G B L B I S P F
V D O D V G B A L L O N I R
G E S C H I C H T E N N K O
B R E N N S T O F F K B N I
```

HÖHE	RICHTUNG
LUFT	WASSERSTOFF
LANDUNG	GESCHICHTE
ABENTEUER	AUFBLASEN
BALLON	MOTOR
HIMMEL	NAVIGIEREN
BRENNSTOFF	PASSAGIER
KONSTRUKTION	PILOT
ABSTIEG	CREW

67 - Tipos de Cabelo

```
T X B S D L R X P U G K H T
E C M C Ü J O Z W F R P P L
Z T B H N I U C I J A A D H
W O R W N T H J K W U B F Q
R G T A A X G X A E B R A G
E K G R R C V A H I N I R Q
T S S Z O F B E L C U N B Q
N I Y L O C K I G H D V I V
B L O N D U K W Q F B B G X
L B G L Ä N Z E N D L R E O
W E L L I G W I N I A A S F
G R Z Ö P F E S T C N U U W
G Y G V L N R S Y K G N N H
G E F L O C H T E N D I D T
```

WEISS
GLÄNZEND
LOCKEN
KAHL
GRAU
FARBIG
LOCKIG
DÜNN
DICK
BLOND

LANG
BRAUN
WELLIG
SILBER
SCHWARZ
GESUND
TROCKEN
WEICH
GEFLOCHTEN
ZÖPFE

68 - Formas

```
E  Y  J  E  C  F  P  Y  F  V  B  D  Z  K
C  J  C  L  E  P  Y  R  A  M  I  D  E  U
K  W  T  Z  P  O  L  Y  G  O  N  C  K  G
E  Q  Ü  T  O  P  I  A  L  P  W  B  U  E
R  U  Z  R  K  C  N  F  A  B  H  D  R  L
E  A  Y  B  F  R  I  P  I  S  O  Y  V  V
C  D  L  T  C  E  E  K  I  B  V  G  E  P
H  R  I  B  V  F  L  I  D  Q  A  D  E  K
T  A  N  K  E  G  E  L  S  D  L  R  P  N
E  T  D  K  U  E  L  L  I  P  S  E  R  S
C  M  E  I  H  B  X  X  I  R  W  I  I  E
K  Q  R  H  Y  P  E  R  B  E  L  E  S  I
I  T  A  S  L  K  Y  O  X  N  A  C  M  T
A  Z  R  W  B  I  F  K  C  J  N  K  A  E
```

BOGEN	SEITE
ECKE	LINIE
ZYLINDER	OVAL
KREIS	PYRAMIDE
KEGEL	POLYGON
WÜRFEL	PRISMA
KURVE	QUADRAT
ELLIPSE	RECHTECK
KUGEL	DREIECK
HYPERBEL	

69 - Dias e Meses

```
J U N I K A L E N D E R F C
Y G T X N P P Q Q J J U L I
D O N N E R S T A G A Z E D
E W F R E I T A G C N H W I
Z V L D O L F E B R U A R E
E S E P T E M B E R A C Y N
M E Z K Y M W Y F F R S N S
B G G C V L M O N A T O O T
E L V D M M O W C W X N V A
R K A R I M N H R H H N E G
R D S A M S T A G R E T M P
I E B F E F A Q R E U A B S
A U G U S T G C P C H G E U
R N E W R K O K T O B E R G
```

APRIL	MONAT
AUGUST	NOVEMBER
JAHR	OKTOBER
KALENDER	DONNERSTAG
DEZEMBER	SAMSTAG
SONNTAG	MONTAG
FEBRUAR	WOCHE
JANUAR	SEPTEMBER
JULI	FREITAG
JUNI	DIENSTAG

70 - Geografia

```
F B N G H A T L A S S Z K I
F W H Z Ö Q M B R O Z E A N
M E E R H F U Z Y W K Z R G
V S M B E D T A B R E I T E
Q T I H H N D L K K M L E B
N A S I N S E L A O K P T I
G G P R E G I O N N Z P N E
R U H S T A D T O T D J D T
Y O Ä P U D D U R I G O B D
Q V R D S N Z Y D N F D E J
V N E W X Ü W Z E E L U R C
K L W K H V D F N N U G G T
R Z T U Q R F E J T S N T T
H M E R I D I A N K S A G U
```

HÖHE	BERG
ATLAS	WELT
STADT	NORDEN
KONTINENT	OZEAN
HEMISPHÄRE	WEST
INSEL	LAND
BREITE	REGION
KARTE	FLUSS
MEER	SÜDEN
MERIDIAN	GEBIET

71 - Antártica

```
H M F K W E B T K B G I D F
C I A E D I R U T R V F X O
J N L E L S G H C C J N V R
M E A O F S L M A H N A I S
F R T N Z A I H N L T U E C
W A L E A Y D G V M T Z K H
A L P D U S I C N I E U O E
S I I M E Y J B F G M V N R
S E N U M W E L T R Y H T G
E N S D G E O G R A P H I E
R Q E E X P E D I T I O N S
H A L B I N S E L I T L E R
P I N G U I N E B O F T N W
G L E T S C H E R N B J T G
```

UMWELT　　　　　　GEOGRAPHIE
WASSER　　　　　　INSELN
BUCHT　　　　　　　FORSCHER
WALE　　　　　　　 MIGRATION
ERHALTUNG　　　　MINERALIEN
KONTINENT　　　　 HALBINSEL
EXPEDITION　　　　PINGUINE
GLETSCHER　　　　FELSIG
EIS

72 - Flores

```
B J R G C J W J R U H A G C
P L U M E R I A A Z F S A S
P F I N G S T R O S E R R G
F T U L P E O J R D M W D C
Y V T I I V K N W O A I E L
Q Y K L E E N A H M O H N A
E R P A S T R A U S S B I V
G P H I B I S K U S R A E E
B L Ü T E N B L A T T O T N
O R C H I D E E R E L I S D
G Ä N S E B L Ü M C H E N E
M A G N O L I E B N L N N L
S O N N E N B L U M E I W I
L Ö W E N Z A H N P S S N L
```

STRAUSS   GÄNSEBLÜMCHEN
LÖWENZAHN   ORCHIDEE
GARDENIE   MOHN
SONNENBLUME   PFINGSTROSE
HIBISKUS   BLÜTENBLATT
JASMIN   PLUMERIA
LAVENDEL   ROSE
LILA   KLEE
LILIE   TULPE
MAGNOLIE

73 - Fazenda #1

```
B W E K Z F A H E U L H Q V
D I V I I Z I U Q Z A U N A
P V E V E H O N I G N H L D
F D Ü N G E R D E D D N C Q
H T P F E R D U W T K T O E
R V E C I D Q Y Z L J S B S
S E K F A E H U T P T X P E
C Z I P F K M T C X Z Z S L
H W A S S E R T K F Q O J I
W C M V K A L B K A T Z E V
E K R Ä H E A D U J X I I S
I Z A H J Y V C H B I I X F
N W R V Z A D A Q K I B Y T
F D I G R V T Y L R Z W B V
```

BIENE	KRÄHE
REIS	HEU
WASSER	DÜNGER
KALB	HUHN
ESEL	KATZE
ZIEGE	HONIG
FELD	SCHWEIN
PFERD	HERDE
HUND	LAND
ZAUN	KUH

74 - Livros

```
G E S C H R I E B E N F K R
G O S E E R Z Ä H L E R O G
P A Q R I G C B W Q E F L C
W A Q F C T C A K S T S L E
H K S I U L E B A P B Z E U
I K O N T E X T G S R A K R
S E O D U A L I T Ä T B T E
T P G E S C H I C H T E I L
O I E R S E R I E S A N O E
R S D I A J N I Y R U T N V
I C I S O G V P R O T E B A
S H C C I S Z J E M O U D N
C E H H V P S E Z A R E U T
H V T P O E S I E N O R Y L
```

AUTOR
ABENTEUER
KOLLEKTION
KONTEXT
DUALITÄT
GESCHRIEBEN
EPISCH
GESCHICHTE
HISTORISCH

ERFINDERISCH
LESER
ERZÄHLER
SEITE
GEDICHT
POESIE
RELEVANT
ROMAN
SERIE

75 - Chocolate

```
Z  U  C  K  E  R  Y  V  U  T  D  D  K  Q
F  C  K  K  A  L  O  R  I  E  N  N  Ö  U
P  A  A  J  E  R  D  N  Ü  S  S  E  S  A
U  N  V  B  H  B  A  X  X  S  L  N  T  L
L  T  G  O  J  K  T  M  A  E  V  C  L  I
V  I  E  B  R  P  C  U  E  N  Y  W  I  T
E  O  S  M  R  I  S  D  K  L  T  D  C  Ä
R  X  C  R  Z  U  T  A  T  V  L  T  H  T
S  I  H  A  N  D  W  E  R  K  L  I  C  H
Ü  D  M  E  L  K  O  K  O  S  N  U  S  S
S  A  A  E  D  R  A  A  R  O  M  A  R  J
S  N  C  Y  M  Q  Y  K  R  E  Z  E  P  T
T  S  K  Z  A  Y  A  A  Z  N  E  O  S  I
B  I  T  T  E  R  L  O  B  G  I  Y  W  B
```

ZUCKER	ESSEN
BITTER	KÖSTLICH
ERDNÜSSE	SÜSS
ANTIOXIDANS	FAVORIT
AROMA	GESCHMACK
HANDWERKLICH	ZUTAT
KAKAO	PULVER
KALORIEN	QUALITÄT
KARAMELL	REZEPT
KOKOSNUSS	

76 - Profissões #2

```
B R N L Q Q A L E H R E R L
A J I L L U S T R A T O R I
U A O R E Z T A U I V J H N
E A P U W A R U R T U B D G
R S H U R H O B W Z V F G U
H T I N W N N I S Z T O Ä I
M A L E R A A O Q A L T R S
I M O C V R U L P I L O T T
A N S P U Z T O I P R G N F
V F O J M T Z G H S S R E H
K J P J F U Z E N X T A R D
D B H C H I R U R G V F V I
E R F I N D E R M L W O Z T
P R T N I F F O R S C H E R
```

BAUER   FORSCHER
ASTRONAUT   GÄRTNER
BIOLOGE   JOURNALIST
CHIRURG   LINGUIST
ZAHNARZT   ARZT
PHILOSOPH   PILOT
FOTOGRAF   MALER
ILLUSTRATOR   LEHRER
ERFINDER

77 - Fazenda #2

```
S A M Y E Y R D Z A E Z B F
H C I A A P E W Z V I K E R
J J H E U U I I V Z P M W U
Y Z M A I S F E J X O I Ä C
C Q F K F G D S L A M M S H
T R A K T O R E R A E V S T
M I L C H S D J X Z M H E D
E B A U E R C A T B W A R O
N W U H N S C H Ä F E R U G
T T I E R E P W E I Z E N E
E L E V K A L W S U F J G R
O B S T G A R T E N N N L S
B I E N E N S T O C K E T T
B N G G M F B M G E M Ü S E
```

BAUER	REIF
TIERE	MAIS
SCHEUNE	SCHAF
GERSTE	SCHÄFER
BIENENSTOCK	ENTE
LAMM	OBSTGARTEN
FRUCHT	WIESE
BEWÄSSERUNG	TRAKTOR
MILCH	WEIZEN
LAMA	GEMÜSE

78 - Jardim

```
B E R R S T C S J B P T O A
U O U B L U M E L A J R B V
K G D G A R A G E N Y A S M
X H A E N U G N H K Z M T F
R Ä Z O N B M A L S O P G R
U N K R A U T E I C H O A J
T G O U E S O T C S M L R S
P E C V J C B A X W Z I T C
Y M R E C H E N G I T N E H
V A A R Z Y D N I E B Q N A
K T S G A R T E N Q K G G U
L T E R U S C H L A U C H F
B E N A N R S D B J H I A E
R C A S H G V E R A N D A L
```

RECHEN   GARTEN
BUSCH   TEICH
BAUM   HÄNGEMATTE
BANK   SCHLAUCH
ZAUN   SCHAUFEL
UNKRAUT   OBSTGARTEN
BLUME   BODEN
GARAGE   TERRASSE
GRAS   TRAMPOLIN
RASEN   VERANDA

79 - Oceano

```
F G W S J C Q D Q M H S K K
G I N H P H K B D X A C O R
E K S C H W A M M A I H R A
Z F T C P A A T T N X I A K
E B U Q H G L L Q U A L L E
I D R K L R Y X G W S D L J
T L M T N G L W E D G K E S
E T H U N F I S C H M R I A
N J G A R N E L E X D Ö T L
J N H L U O P V B O O T W Z
U R I F F S O M T J D E I Z
D E L F I N T W E L L E N Q
P M R B Y H L E N F C Z D M
K R A B B E X I R F Z I L D
```

THUNFISCH   QUALLE
WAL   WELLEN
BOOT   AUSTER
GARNELE   FISCH
KRABBE   KRAKE
KORALLE   RIFF
AAL   SALZ
SCHWAMM   SCHILDKRÖTE
DELFIN   STURM
GEZEITEN   HAI

80 - Profissões #1

```
K A F E D J L E X I K S D R
L T E B A N K I E R Ü C K E
E H U T C H H G D G N H A C
M L E B Ä O A O I E S N R H
P E R L O N X T T O T E T T
N T W S A T Z T O L L I O S
E M E R E X S E R O E D G A
R U H F U S N C R G R E R N
U S R D Y R I H H E N R A W
G I M B T S E E M A N N P A
N K A U G Y Q U I L F T H L
S E N A S T R O N O M T L T
N R N C W A P M Y J Ä G E R
M Y D J P P I A N I S T B R
```

RECHTSANWALT   TÄNZER
SCHNEIDER   EDITOR
KÜNSTLER   BOTSCHAFTER
ASTRONOM   KLEMPNER
ATHLET   GEOLOGE
BANKIER   SEEMANN
FEUERWEHRMANN   MUSIKER
JÄGER   PIANIST
KARTOGRAPH

81 - Campeonato

```
M A N N S C H A F T M L T K
R C H A M P I O N U E F V O
Z I L P F N I Y J R D O N T
V E C M V Z N E H N A S H U
Q U H H G B I Z L I I T T U
T F R S T Q X Q N E L R A F
L I G A E E F X A R L A E I
Y J R W O R R S V M E T Z N
M O T I V A T I O N G E P A
V A U S D A U E R X W G V L
R W Y F P C E G E U O I R I
G P E R F O R M A N C E V S
M E I S T E R S C H A F T T
K N M J D Q V T R A I N E R
```

CHAMPION	RICHTER
MEISTERSCHAFT	LIGA
PERFORMANCE	MEDAILLE
MANNSCHAFT	MOTIVATION
SPORT	AUSDAUER
STRATEGIE	TURNIER
FINALIST	TRAINER
SPIELE	SIEG

82 - Castelos

```
R D Y N A S T I E E P F M K
P I B P A L A S T H R E I A
U T T G Z K P Y E S I S D T
U H A T S D R F M C N T K A
E D E L E I I O W H Z U Ö P
D Z U P Q R N S N W E N N U
D R A C H E Z C F E S G I L
V A A R N H J H G R S E G T
X Q F H Ü N K I X T I I R U
P F E R D S V L O H N N E R
U X U H H L T D E B T H I M
K P D J H L F U V Z I O C D
X W A N D G Z S N B X R H M
B A L R E I C H Q G G N B N
```

RÜSTUNG   FESTUNG
KATAPULT   REICH
RITTER   EDEL
PFERD   PALAST
KRONE   WAND
DYNASTIE   PRINZESSIN
DRACHE   PRINZ
SCHILD   KÖNIGREICH
SCHWERT   TURM
FEUDAL   EINHORN

83 - Escola # 2

```
W  Ö  R  T  E  R  B  U  C  H  B  A  A  S
I  M  L  B  Ü  C  H  E  R  R  I  K  K  P
S  K  B  E  Z  A  F  V  S  U  B  T  A  I
S  A  I  Z  S  Q  H  O  C  C  L  I  D  E
E  L  L  Q  M  E  F  R  H  K  I  V  E  L
N  E  D  I  A  G  N  R  E  S  O  I  M  E
S  N  U  W  T  E  P  Ä  R  A  T  T  I  P
C  D  N  R  H  E  E  T  E  C  H  Ä  S  A
H  E  G  L  E  H  R  E  R  K  E  T  C  P
A  R  N  V  M  S  N  A  F  U  K  E  H  I
F  K  G  R  A  M  M  A  T  I  K  N  E  E
T  F  I  K  T  N  V  E  J  U  E  A  Y  R
B  B  L  E  I  S  T  I  F  T  R  O  I  C
J  L  M  X  K  C  O  M  P  U  T  E  R  K
```

AKADEMISCH	BLEISTIFT
AKTIVITÄTEN	LESEN
BIBLIOTHEK	LITERATUR
KALENDER	BÜCHER
WISSENSCHAFT	MATHEMATIK
COMPUTER	RUCKSACK
WÖRTERBUCH	PAPIER
BILDUNG	LEHRER
GRAMMATIK	VORRÄTE
SPIELE	SCHERE

84 - Abelhas

```
F R U C H T E B R Z G G B B
B L U M E N K F Z P C E I L
X D Ü J V G H D S S O H E Ü
G B Z G I Ö A W A C H S N T
N P Z O E Z K R P V S S E E
H Q S K L L T O T W H O N P
Q G S T F B L B S E I N K O
S C H W A R M N O Y N N O L
R P P F L A N Z E N S E R L
E C Y J T Q T A T T E T B E
L E B E N S R A U M K T E N
R A U C H O N I G Q T O E M
I T K Ö N I G I N U W X T W
V O R T E I L H A F T U Y Y
```

FLÜGEL   RAUCH
VORTEILHAFT   LEBENSRAUM
WACHS   INSEKT
BIENENKORB   GARTEN
VIELFALT   HONIG
ÖKOSYSTEM   PFLANZEN
SCHWARM   POLLEN
BLÜTE   KÖNIGIN
BLUMEN   SONNE
FRUCHT

85 - Banheiro

```
D  S  E  I  F  E  S  L  F  W  K  L  O  S
D  P  C  A  A  A  O  F  D  F  F  F  F  H
J  I  G  H  M  T  F  Y  L  J  Q  L  J  A
H  E  E  V  W  T  O  I  L  E  T  T  E  M
N  G  A  J  A  A  Q  U  T  O  J  A  S  P
J  E  D  L  S  H  M  W  A  X  T  V  U  O
K  L  U  M  S  W  Y  M  Y  R  H  I  L  O
W  A  S  S  E  R  H  A  H  N  A  D  O  X
V  C  C  L  R  B  L  A  S  E  N  Q  F  N
G  U  H  T  E  P  P  I  C  H  D  J  V  J
B  F  E  X  P  W  K  J  W  E  T  L  C  C
P  A  R  F  Ü  M  L  X  J  Q  U  W  Z  H
M  Z  D  A  M  P  F  L  P  M  C  H  X  U
S  C  H  E  R  E  E  S  Y  V  H  K  X  J
```

WASSER	PARFÜM
TOILETTE	SEIFE
BAD	TEPPICH
BLASEN	SCHERE
DUSCHE	HANDTUCH
SPIEGEL	WASSERHAHN
SCHWAMM	DAMPF
LOTION	SHAMPOO

86 - Ciência

```
E  Q  I  D  T  D  G  C  N  H  P  M  P  O
V  M  F  G  X  A  D  D  C  Y  H  L  A  R
O  Y  S  S  N  T  Y  M  S  P  Y  Y  R  G
L  A  B  O  R  E  S  I  T  O  S  G  T  A
U  S  N  R  E  N  C  N  F  T  I  M  I  N
T  A  T  S  A  C  H  E  O  H  K  O  K  I
I  V  T  C  H  D  W  R  S  E  B  L  E  S
O  Z  I  O  N  E  E  A  S  S  D  E  L  M
N  C  H  Z  M  Q  R  L  I  E  J  K  W  U
A  Z  J  E  D  W  K  I  L  Y  D  Ü  Y  S
T  K  L  I  M  A  R  E  N  F  G  L  C  S
U  W  D  P  F  L  A  N  Z  E  N  E  F  J
R  J  K  H  D  C  F  X  N  K  C  O  Y  Z
H  L  S  I  M  E  T  H  O  D  E  G  Q  B
```

ATOM	LABOR
KLIMA	METHODE
DATEN	MINERALIEN
EVOLUTION	MOLEKÜLE
TATSACHE	NATUR
PHYSIK	ORGANISMUS
FOSSIL	PARTIKEL
SCHWERKRAFT	PFLANZEN
HYPOTHESE	

87 - Cores

```
F G C A M K N G M R F Q U U
O B R A U N G Y R O U M X F
V R E V A X C E A S C T E Z
I O A U F P A P N A H D S R
O T K N V H U Q S U S D Q Q
L Z C M G S G R W E I S S Y
E Y H A R E Q E P S E G P B
T A K G Ü P R Q L U Q V W E
T N A E N I I U I B R Y W I
G Y P N P A H N L G R A U G
A V W T S C H W A R Z V R E
O E V A C R B V B L A U B Z
Q R W M J W H N P I L G D J
G A H Y P G Q E S T L Q L J
```

GELB	MAGENTA
BLAU	BRAUN
BEIGE	SCHWARZ
WEISS	ROSA
PURPUR	LILA
ZYAN	SEPIA
GRAU	GRÜN
FUCHSIE	ROT
ORANGE	VIOLETT

88 - Comida #1

```
T H B A S I L I K U M F T L
Z H E R D B E E R E R M P S
W Z U C K E R X S A F T F E
I K A N W J V J H A C X G R
E M T R F Z X Y U Z L F E D
B I A P R I K O S E I Z R N
E L R P L T S A L A T M S U
L C Ü R R U C F P R T T S
M H B D H O P C H Y X H E S
Q X E R M N P O N J K H R P
L P A P R E E B Y R D C D I
B I K L L X K U C H E N O N
K A R O T T E T O S D N M A
I U Z D K N O B L A U C H T
```

ZUCKER
KNOBLAUCH
ERDNUSS
THUNFISCH
KUCHEN
ZIMT
ZWIEBEL
KAROTTE
GERSTE
APRIKOSE

SPINAT
MILCH
ZITRONE
BASILIKUM
ERDBEERE
RÜBE
SALZ
SALAT
SUPPE
SAFT

89 - Pássaros

```
S  O  Q  D  I  Q  C  S  P  A  T  Z  F  O
C  N  X  G  F  D  F  T  K  M  K  A  L  N
H  Q  A  R  P  F  A  U  T  O  U  C  A  N
W  L  N  G  E  I  A  Z  P  T  P  X  M  U
A  Y  D  N  J  I  J  F  B  T  A  T  I  Y
N  S  T  O  R  C  H  W  F  I  P  A  N  R
X  C  R  K  R  Ä  H  E  B  Q  A  U  G  J
H  V  S  W  N  E  Q  P  R  H  G  B  O  G
K  U  C  K  U  C  K  E  I  Q  E  E  Y  B
M  M  H  M  Ö  W  E  N  Q  N  I  B  Y  Q
O  M  M  N  Z  M  Y  T  G  C  G  I  E  J
S  T  R  A  U  S  S  E  R  Y  L  U  S  N
A  D  L  E  R  M  G  A  N  S  W  Y  I  V
G  F  P  E  L  I  K  A  N  F  V  O  J  N
```

STRAUSS	REIHER
ADLER	EI
STORCH	PAPAGEI
SCHWAN	SPATZ
KRÄHE	ENTE
KUCKUCK	PFAU
FLAMINGO	PELIKAN
HUHN	PINGUIN
MÖWE	TAUBE
GANS	TOUCAN

90 - Literatura

```
M F O U W V F O D M R R A A
F E T R A G Ö D I E H O N N
F I T H E M A F A I Y M A A
P R K A U T O R L N T A L L
X K E T P O K W O U H N Y O
G L M I I H P P G N M N S G
E H L L M O E E L G U T E I
D L S G F T N R P D S O B E
I C H K U H P O E T I S C H
C B E S C H R E I B U N G S
H B I O G R A P H I E M B T
T V E R G L E I C H D K G I
A N E K D O T E G Q M M J L
E R Z Ä H L E R F W O G E N
```

ANALOGIE
ANALYSE
ANEKDOTE
AUTOR
BIOGRAPHIE
VERGLEICH
BESCHREIBUNG
DIALOG
STIL
FIKTION

METAPHER
ERZÄHLER
MEINUNG
GEDICHT
POETISCH
REIM
RHYTHMUS
ROMAN
THEMA
TRAGÖDIE

91 - Clima

```
P G P B S F I H H L T T B S
U O F M O N S U N S E E L H
D K L I M A B R I S E M I T
G O K A A G J R P T T P T O
W I N D R V R I Y U R E Z R
D P I N P K C K Q R O R A N
K Ü X C E F W A N M C A I A
R Y R N L R O N A V K T C D
P C C R N E B E L B E U F O
E I S L E W O L K E N R K C
O V J J G D J U N I S L Q E
T R O P I S C H I M M E L U
R E G E N B O G E N Y A X L
A T M O S P H Ä R E Z O D H
```

REGENBOGEN	POLAR
ATMOSPHÄRE	BLITZ
BRISE	DÜRRE
HIMMEL	TROCKEN
KLIMA	TEMPERATUR
HURRIKAN	STURM
EIS	TORNADO
MONSUN	TROPISCH
NEBEL	DONNER
WOLKE	WIND

92 - Tecnologia

```
F  D  I  G  I  T  A  L  G  N  R  C  X  B
J  A  T  B  G  B  L  O  G  Q  L  U  Y  C
X  T  L  V  S  Y  V  I  R  U  S  R  S  W
B  E  U  I  N  T  E  R  N  E  T  S  T  T
I  I  H  B  V  E  Q  S  K  W  C  O  F  J
L  I  S  R  N  S  C  O  I  E  O  R  O  N
D  A  S  O  Y  T  B  F  K  A  M  E  R  A
S  A  H  W  M  A  I  T  L  N  P  Z  S  C
C  D  T  S  W  T  O  W  R  C  U  Q  C  H
H  O  H  E  G  I  B  A  B  M  T  H  H  R
I  P  Y  R  N  S  W  R  T  E  S  U  I
R  W  V  I  R  T  U  E  L  L  R  H  N  C
M  S  C  H  R  I  F  T  A  R  T  G  G  H
J  B  F  X  M  K  J  Y  O  E  O  W  M  T
```

DATEI	SCHRIFTART
BLOG	INTERNET
BYTES	NACHRICHT
KAMERA	BROWSER
COMPUTER	FORSCHUNG
CURSOR	SOFTWARE
DATEN	BILDSCHIRM
DIGITAL	VIRTUELL
STATISTIK	VIRUS

93 - Arte

```
C P K X I A U S D R U C K S
M E O B T N E V S O P M E Y
I R M R M K S O C O O W H M
M S P S K U L P T U R V R B
V Ö L T L Z L M I P I G L O
I N E I N F A C H R G E I L
S L X M Q G H V A F I G C Z
U I M M L V H K K H N E H M
E C G U V B F X G P A N R N
L H I N G F U O M O L S S T
L H O G E M Ä L D E H T L B
K E R A M I K E J S Q A G M
G D C D F J V R K I Q N J Z
S C H A F F E N S E H D G X
```

KERAMIK   ORIGINAL
KOMPLEX   PERSÖNLICH
SCHAFFEN   GEMÄLDE
SKULPTUR   POESIE
AUSDRUCK   EINFACH
EHRLICH   SYMBOL
STIMMUNG   GEGENSTAND
INSPIRIERT   VISUELL

94 - Dinossauros

```
E C G F R A U B V O G E L B
Q M P R J W W B E U T E K Ö
J A R T Ö X D B R A M Y L S
Z M Ä G D S W I S L L F F A
F M H R Q U S I C L H G N R
L U I O D F W E H E Y S W T
Ü T S S K Q I A W S L V I I
G O T S B X G P I F C V R G
E V O L U T I O N R F L B W
L Y R I L M M F D E N O R M
I G I Z G Y V B E S I E O X
F O S S I L I E N S L R M D
V S C H W A N Z Y E E D N T
K M H R E P T I L R J E R C
```

FLÜGEL
SCHWANZ
VERSCHWINDEN
ENORM
ART
EVOLUTION
FOSSILIEN
GROSS
MAMMUT

ALLESFRESSER
BEUTE
PRÄHISTORISCH
RAUBVOGEL
REPTIL
GRÖSSE
ERDE
BÖSARTIG

95 - Esportes

```
B E W E G U N G D J T Y S G
B A S K E T B A L L H N P Y
Y O Y X T R A I N E R U I M
K J K I Z F A H R R A D E N
B Q F W C S T A D I O N L A
G S P I E L H U L U F Y E S
E Y K R Z V L S F W G W R I
W K M B A S E B A L L N D U
I S Z N S H T U F I W Y Q M
N Q J M A N N S C H A F T F
N Y F E I S H O C K E Y G Z
E I P O K W T E N N I S M E
R I W M W P E I N T K T G R
G O L F T O A H K R I Q T O
```

ATHLET   GYMNASTIK
BASKETBALL   GOLF
BASEBALL   EISHOCKEY
FAHRRAD   SPIELER
MANNSCHAFT   SPIEL
STADION   BEWEGUNG
GEWINNER   TENNIS
GYMNASIUM   TRAINER

96 - Comida # 2

```
M  F  I  S  C  H  H  X  K  B  T  J  U  P
B  A  N  A  N  E  Z  P  I  R  R  O  A  Y
P  W  N  P  Z  I  Z  K  R  O  A  G  H  F
A  H  C  D  R  Z  E  B  S  K  U  H  C  R
C  P  L  E  E  P  Q  M  C  K  B  U  A  Q
L  Z  F  X  I  L  I  J  H  O  E  R  E  I
K  Ä  S  E  S  O  X  L  E  L  X  T  L  A
A  L  O  S  L  T  N  A  Z  I  F  V  J  T
A  R  T  I  S  C  H  O  C  K  E  P  P  O
W  E  I  Z  E  N  R  E  R  K  I  W  I  M
E  S  C  H  O  K  O  L  A  D  E  Z  D  A
Y  N  A  U  B  E  R  G  I  N  E  B  X  T
P  C  X  H  S  C  H  I  N  K  E  N  R  E
L  S  O  N  G  W  N  J  E  W  S  Y  U  E
```

ARTISCHOCKE	JOGHURT
MANDEL	KIWI
REIS	APFEL
BANANE	EI
AUBERGINE	FISCH
BROKKOLI	SCHINKEN
KIRSCHE	KÄSE
SCHOKOLADE	TOMATE
PILZ	WEIZEN
HUHN	TRAUBE

97 - Barcos

```
Y  M  B  D  N  G  J  L  U  V  M  D  G  H
A  F  L  O  S  S  N  U  O  Z  A  R  D  S
C  L  M  C  Z  W  Y  M  T  I  S  T  F  E
H  U  Y  K  V  E  K  A  N  U  T  I  Ä  I
T  S  S  E  D  L  A  T  S  H  M  D  H  L
F  S  I  F  X  L  V  N  I  X  G  E  R  J
S  E  E  E  D  E  U  P  M  N  O  A  E  W
W  O  M  P  N  N  A  U  T  I  S  C  H  R
Z  K  I  F  V  D  G  J  R  O  K  R  O  L
B  R  K  A  N  K  E  R  D  N  P  E  U  N
Z  O  A  R  M  O  T  O  R  L  O  W  J  D
J  I  J  S  E  E  M  A  N  N  E  Y  G  I
E  L  A  E  J  R  F  K  M  D  H  R  S  C
K  M  K  W  B  K  N  E  R  Y  Y  F  J  F
```

ANKER	MEER
FÄHRE	TIDE
BOJE	SEEMANN
KAJAK	MAST
KANU	MOTOR
SEIL	NAUTISCH
DOCK	OZEAN
YACHT	WELLEN
FLOSS	FLUSS
SEE	CREW

98 - Piratas

```
S  C  H  A  T  Z  O  Y  C  L  T  Y  S  M
C  T  G  O  L  D  R  O  Z  E  A  N  C  Ü
H  C  R  P  S  T  J  U  W  G  H  K  H  N
W  R  K  A  R  T  E  U  M  E  Ö  O  L  Z
E  E  X  P  N  M  K  X  N  N  H  M  E  E
R  W  G  A  Y  D  I  I  A  D  L  P  C  N
T  W  G  G  E  F  A  H  R  E  E  A  H  U
C  H  K  E  D  M  L  P  B  A  M  S  T  O
K  A  P  I  T  Ä  N  V  E  X  N  S  W  W
A  B  E  N  T  E  U  E  R  F  X  K  R  Z
G  Q  G  S  Y  I  M  K  S  V  H  I  E  F
T  K  G  E  D  H  N  M  I  G  H  K  B  R
L  M  Z  L  A  R  P  A  E  E  W  B  W  A
H  K  E  Q  K  K  F  V  G  Z  I  O  A  K
```

ABENTEUER	SCHLECHT
ANKER	MÜNZEN
KOMPASS	OZEAN
KAPITÄN	GOLD
HÖHLE	PAPAGEI
NARBE	GEFAHR
SCHWERT	STRAND
INSEL	RUM
LEGENDE	SCHATZ
KARTE	CREW

99 - Mamíferos

```
K G E A L F C F L Q R W U O
O O L H U N D U B Ö N P X P
J R E S A Q X C G K W J L F
O I F R C S X H K J T E D W
T L A U G H E S V H Y G D G
E L N S L W A L I S Y I M E
K A T Z E O H F P F E R D B
S T I E R L N D W A E A Q I
T B Q B N F D E L M K F L B
H J G R F B A L Q V A F F E
U H N A V Y N F N C M E Z R
K Ä N G U R U I F N E E B L
P J H D S J G N F Y L Z R B
Q W W W V C E R W T H M A W
```

WAL   GIRAFFE
KAMEL   DELFIN
KÄNGURU   GORILLA
BIBER   LÖWE
PFERD   WOLF
HUND   AFFE
HASE   SCHAF
KOJOTE   FUCHS
ELEFANT   STIER
KATZE   ZEBRA

100 - Atividades e Lazer

```
R  T  P  K  A  G  S  P  W  L  Z  P  Y  Q
O  I  I  U  N  E  A  U  T  E  N  N  I  S
D  Y  V  N  G  M  N  V  R  E  N  N  E  N
Q  P  S  S  E  Ä  L  Y  T  F  E  B  V  L
W  B  S  T  L  L  A  P  S  W  E  R  X  B
H  A  X  C  N  D  G  O  G  W  G  N  A  R
O  S  N  J  H  E  C  A  M  P  I  N  G  E
B  E  C  D  E  W  B  O  O  K  B  C  O  I
B  B  G  P  E  Z  I  C  J  L  O  N  L  S
I  A  C  N  W  R  M  M  D  X  X  H  F  E
E  L  X  Z  H  T  N  Y  M  K  E  B  B  J
S  L  C  X  T  A  U  C  H  E  N  S  W  W
B  A  S  K  E  T  B  A  L  L  N  S  S  P
E  N  T  S  P  A  N  N  E  N  D  H  R  J
```

CAMPING   TAUCHEN
KUNST   SCHWIMMEN
BASKETBALL   ANGELN
BASEBALL   GEMÄLDE
BOXEN   ENTSPANNEND
WANDERN   SURFEN
RENNEN   TENNIS
GOLF   REISE
HOBBIES

1 - Dirigindo

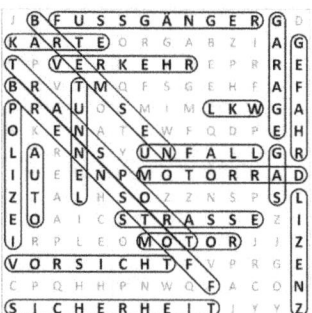

2 - Atividades

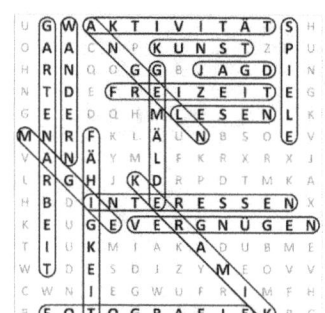

3 - Churrascos

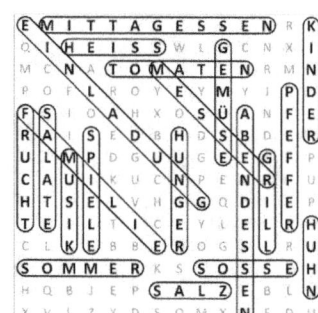

4 - Pesca

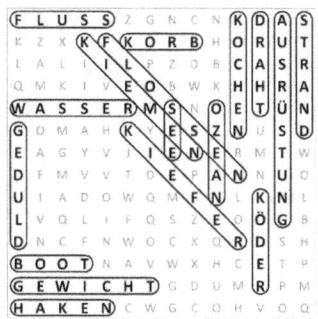

5 - Geologia

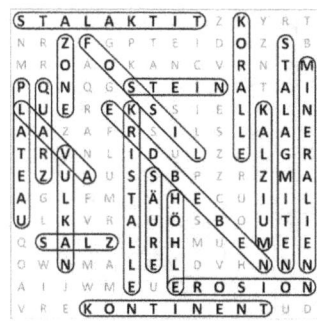

6 - Móveis

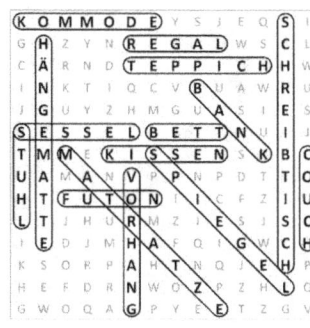

7 - Tempo

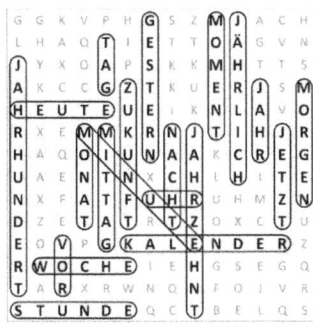

8 - Astronomia

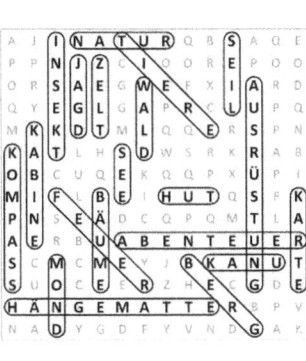

9 - Circo

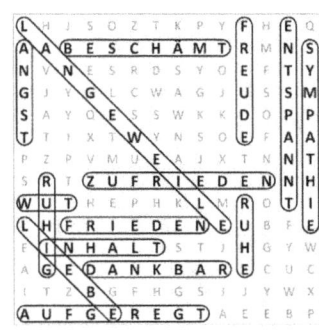

10 - Acampamento

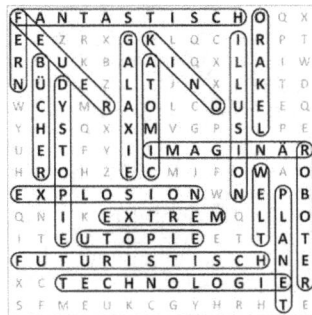

11 - Emoções

12 - Ficção Científica

13 - Mitologia

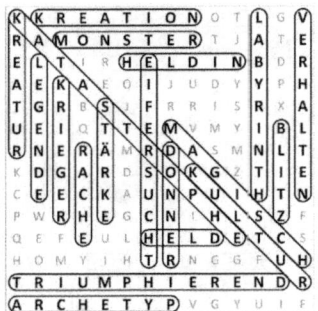

14 - Medições

15 - Plantas

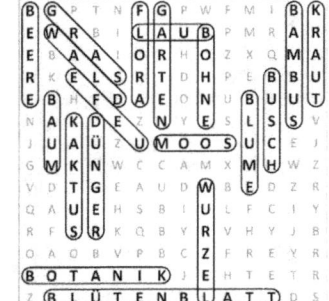

16 - Veículos

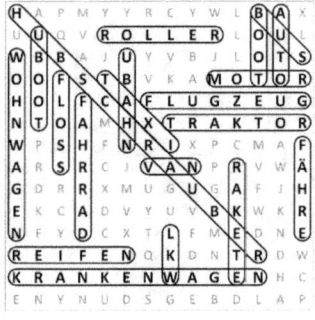

17 - Restaurante # 2

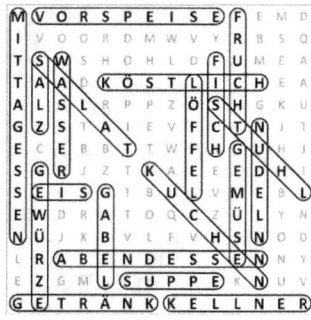

18 - Países #2

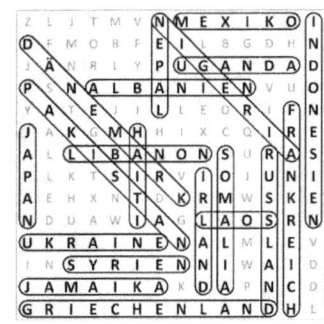

19 - Cozinha

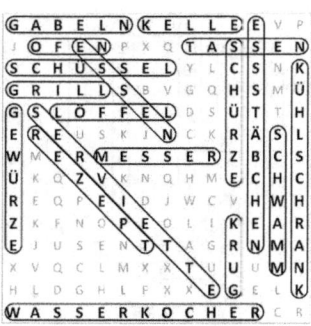

20 - Brinquedos

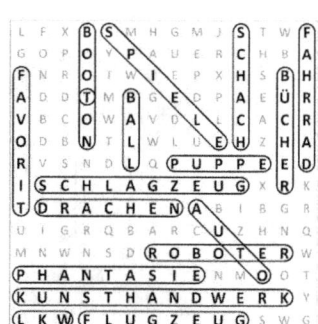

21 - Verão

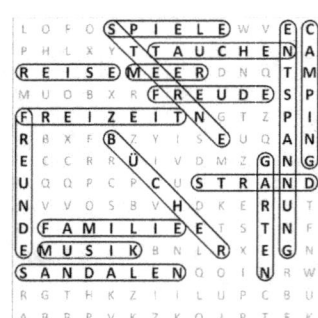

22 - Material de Arte

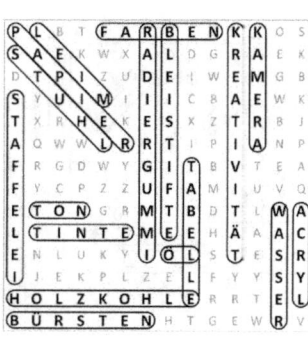

23 - Números

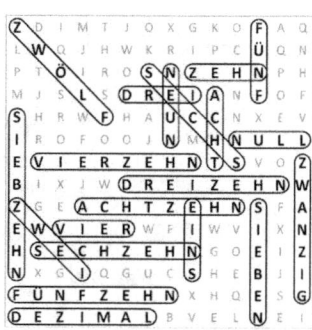

24 - Ferramentas

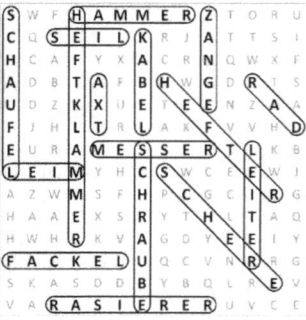

25 - Especiarias

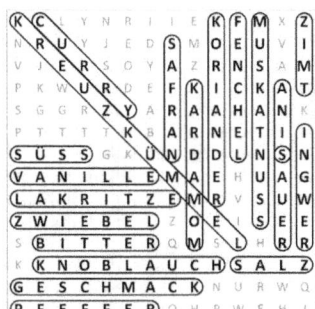

26 - Aniversário

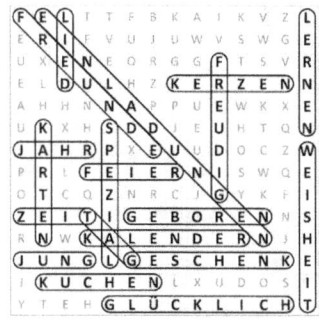

27 - Casa

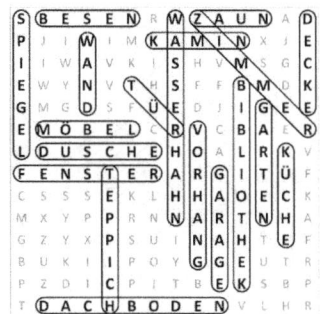

28 - Vegetais

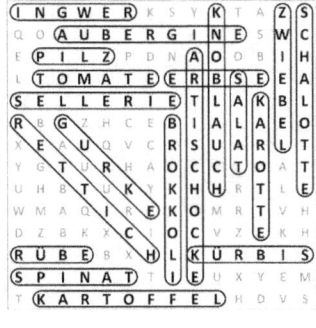

29 - Exploração

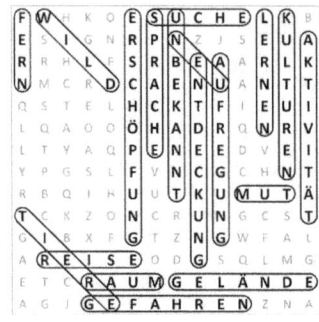

30 - Balé

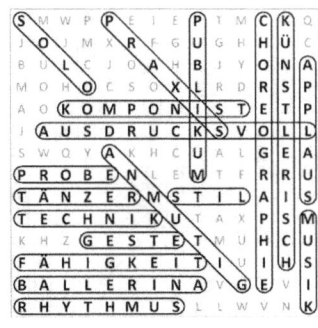

31 - Conservação

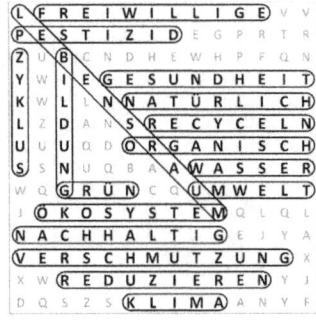

32 - Adjetivos #1

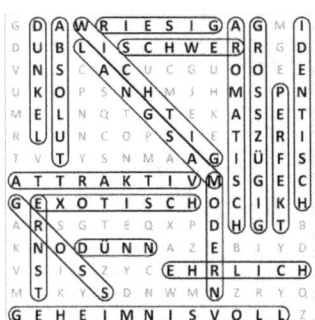

33 - Insetos

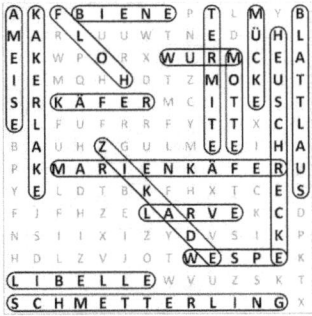

34 - Paisagens

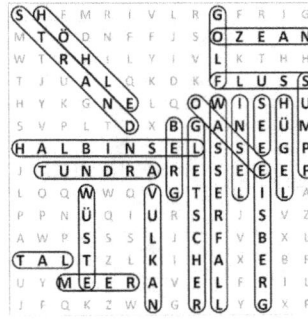

35 - Dança

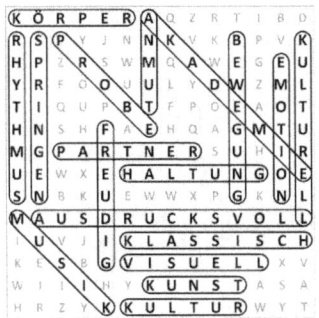

36 - Nutrição

37 - Disciplinas Científicas

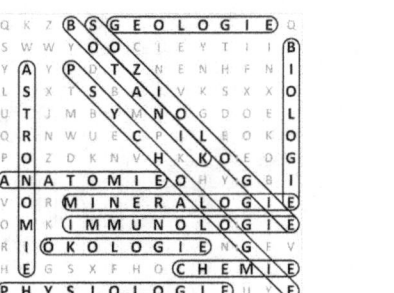

38 - Meditação

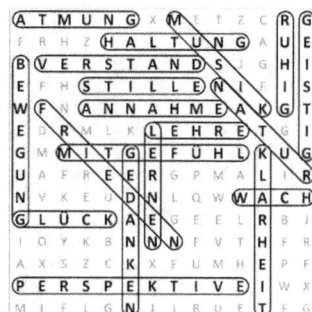

39 - Artes Visuais

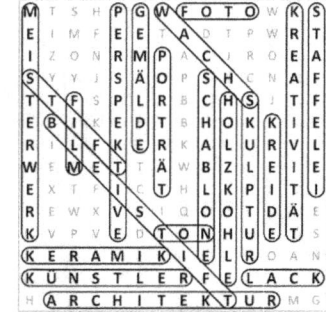

40 - Instrumentos Musicais

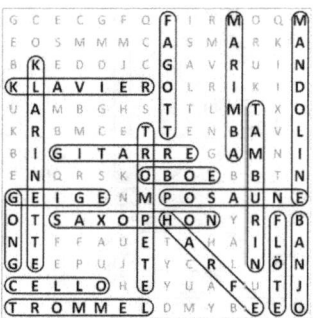

41 - Escola #1

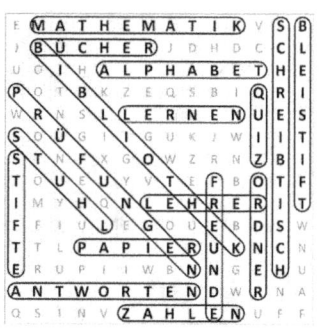

42 - Adjetivos #2

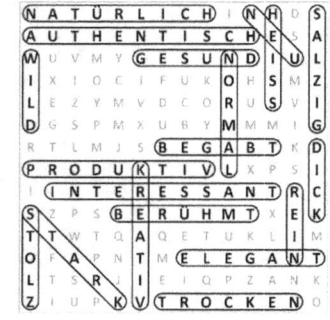

43 - Roupas

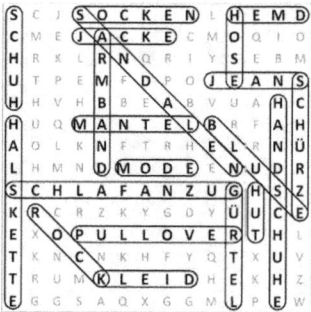

44 - Herbalismo

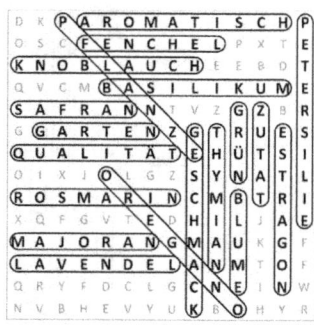

45 - Férias #1

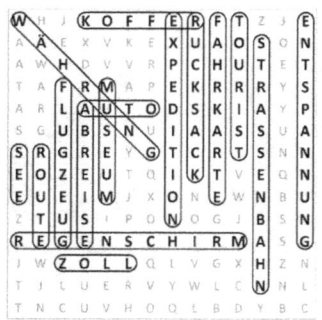

46 - Frutas

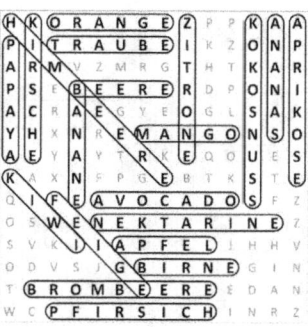

47 - Corpo Humano

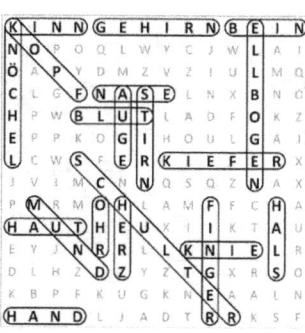

48 - Restaurante #1

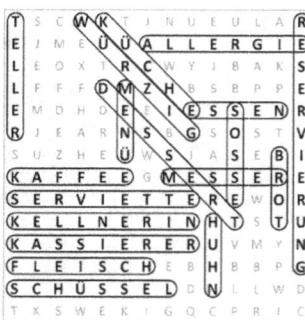

49 - Caminhada

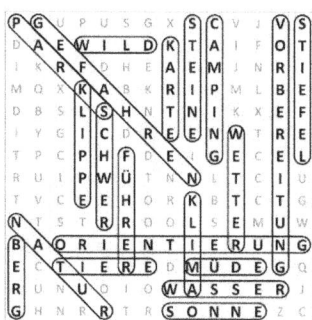

50 - Água

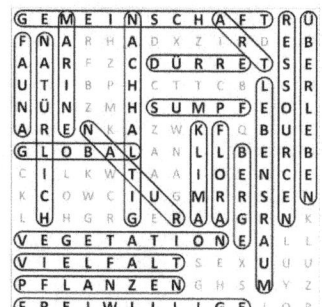

51 - Ecologia

52 - Família

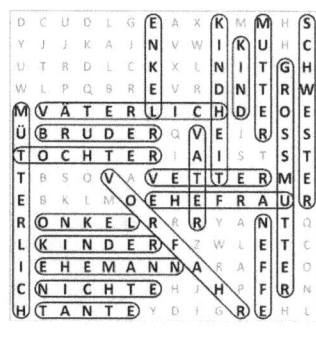

53 - Férias #2

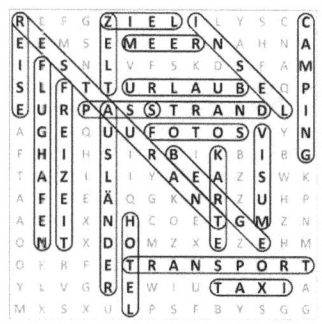

54 - Edifícios

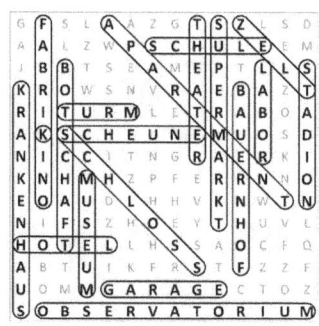

55 - Praia

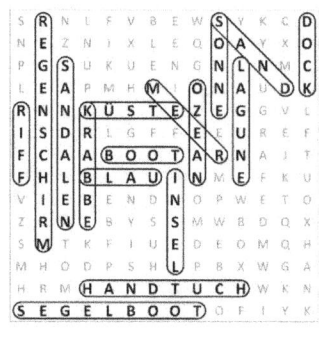

56 - Ferramentas de Cozinha

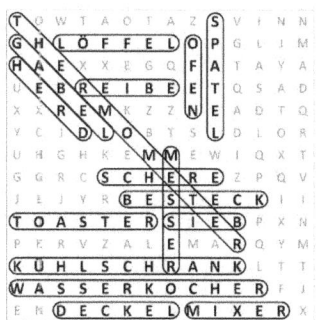

57 - Xadrez

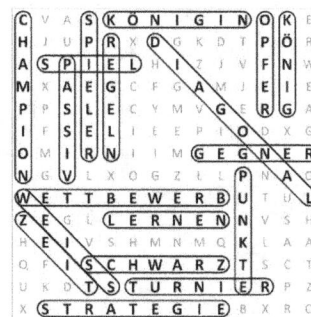

58 - Aventura

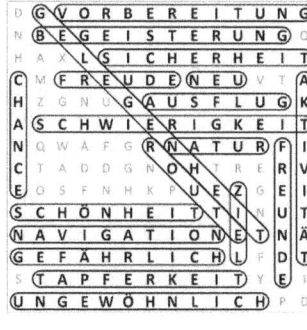

59 - Floresta Tropical

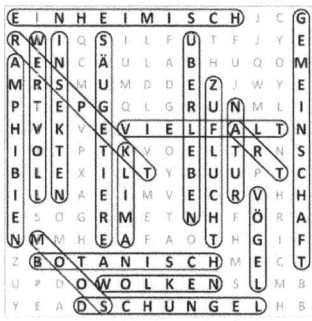

60 - Cidade

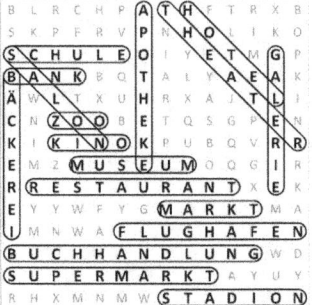

61 - Matemática

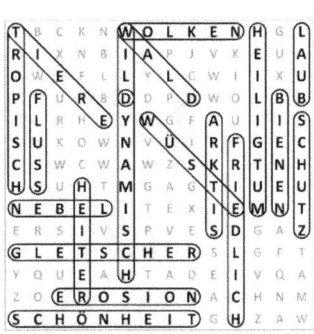

62 - Natureza

63 - Preencher

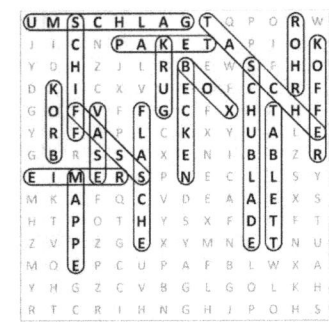

64 - Animais de Estimação

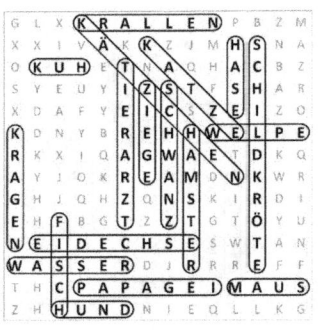

65 - Escalada

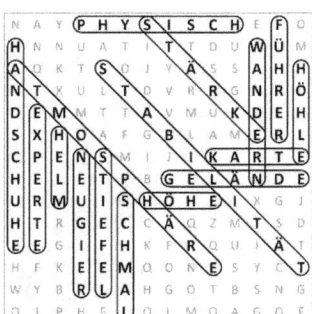

66 - Aviões

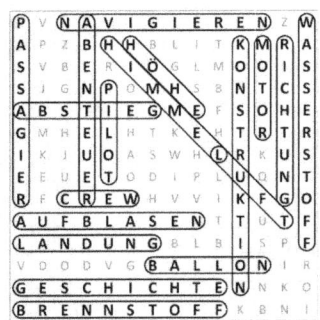

67 - Tipos de Cabelo

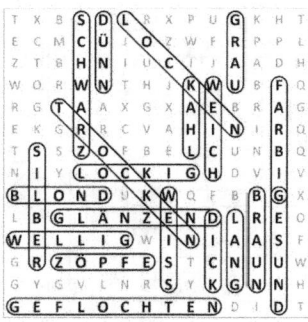

68 - Formas

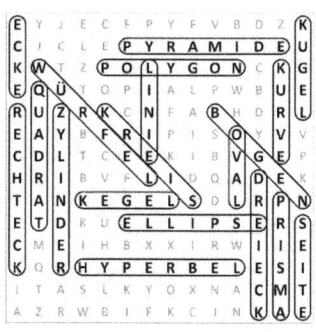

69 - Dias e Meses

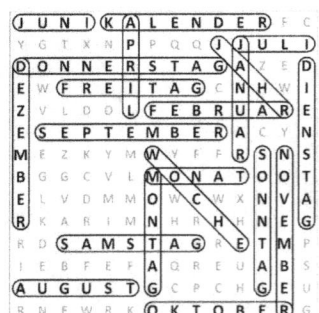

70 - Geografia

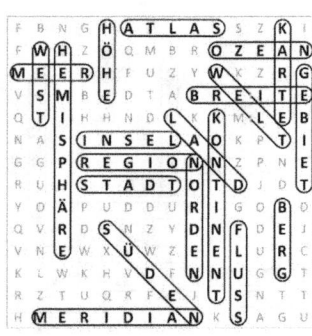

71 - Antártica

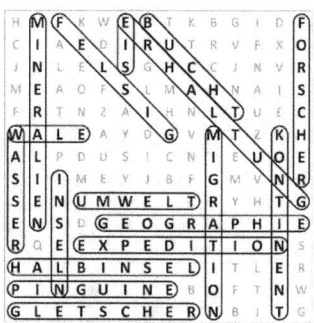

72 - Flores

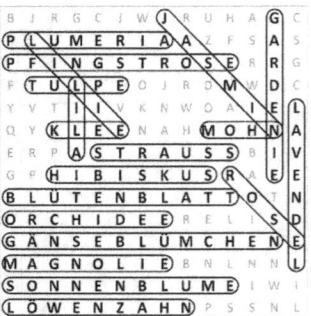

73 - Fazenda #1

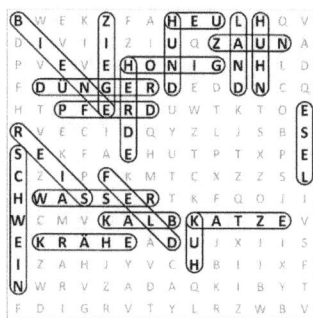

74 - Livros

75 - Chocolate

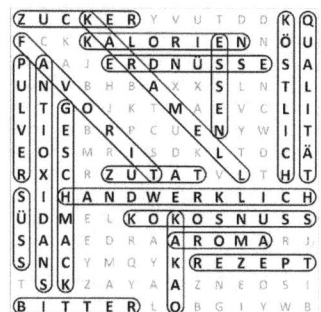

76 - Profissões #2

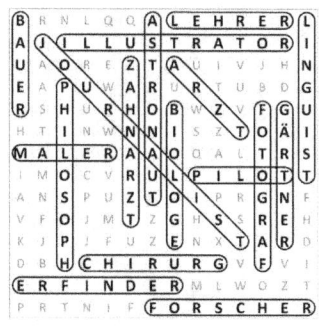

77 - Fazenda #2

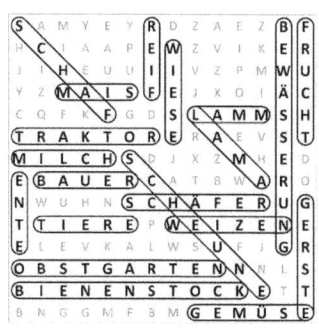

78 - Jardim

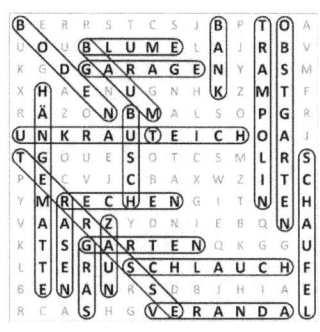

79 - Oceano

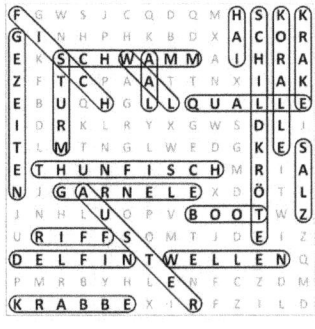

80 - Profissões #1

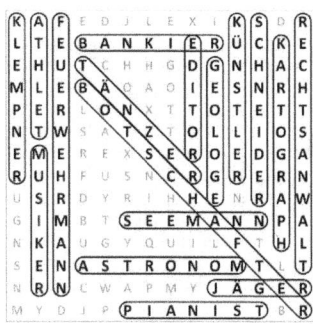

81 - Campeonato

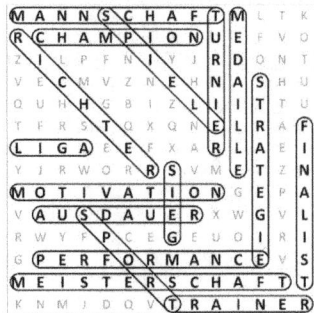

82 - Castelos

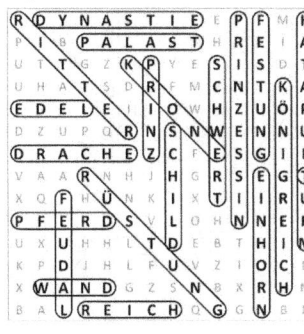

83 - Escola # 2

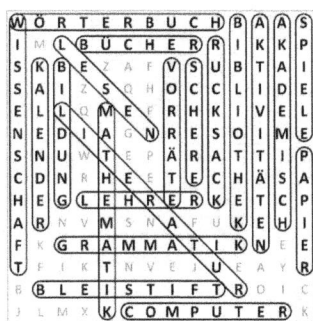

84 - Abelhas

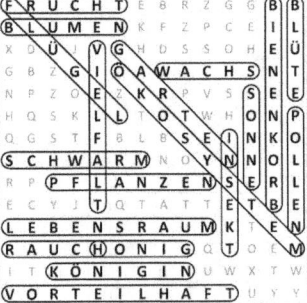

85 - Banheiro

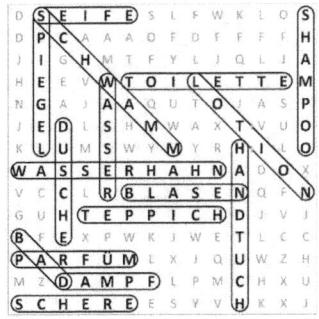

86 - Ciência

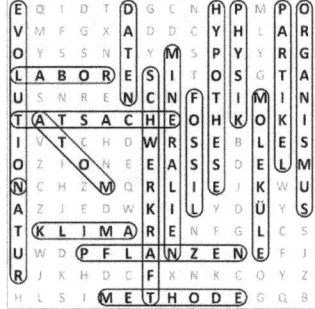

87 - Cores

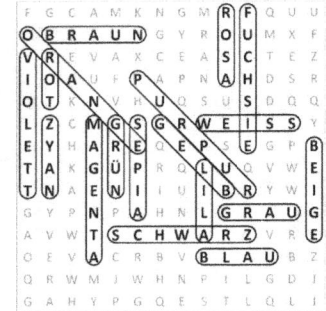

88 - Comida #1

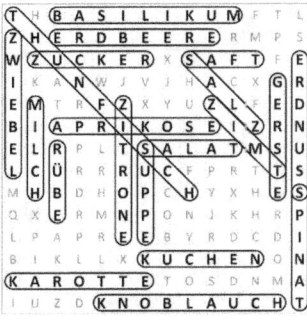

89 - Pássaros

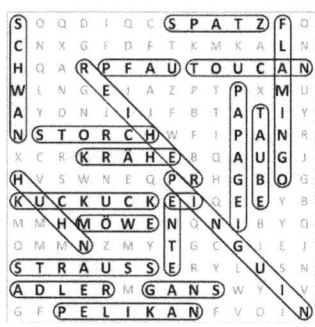

90 - Literatura

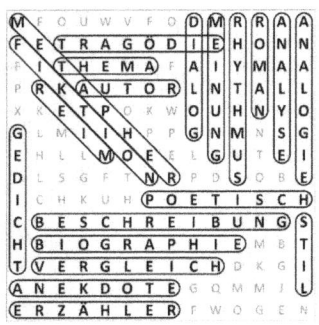

91 - Clima

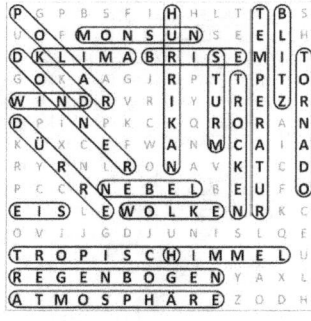

92 - Tecnologia

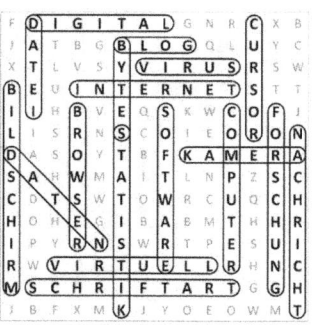

93 - Arte

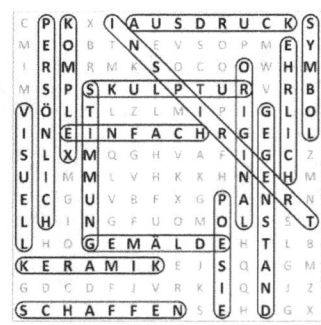

94 - Dinossauros

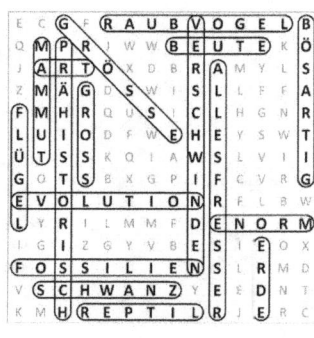

95 - Esportes

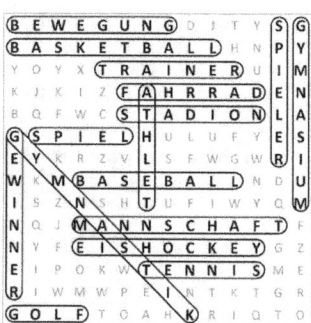

96 - Comida # 2

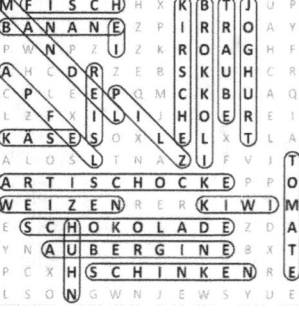

97 - Barcos

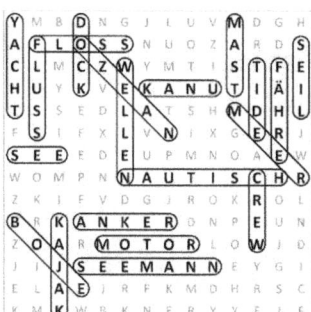

98 - Piratas

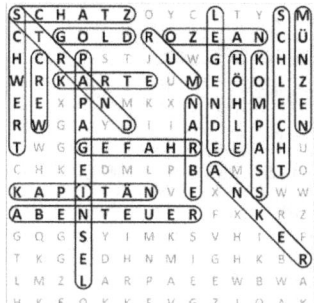

99 - Mamíferos

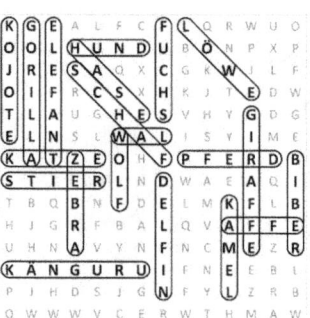

100 - Atividades e Lazer

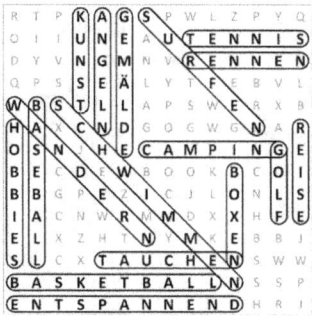

Dicionário

Abelhas
Bienen

Asas	Flügel
Benéfico	Vorteilhaft
Cera	Wachs
Colmeia	Bienenkorb
Diversidade	Vielfalt
Ecossistema	Ökosystem
Enxame	Schwarm
Flor	Blüte
Flores	Blumen
Fruta	Frucht
Fumaça	Rauch
Habitat	Lebensraum
Inseto	Insekt
Jardim	Garten
Mel	Honig
Plantas	Pflanzen
Pólen	Pollen
Rainha	Königin
Sol	Sonne

Acampamento
Camping

Animais	Tiere
Aventura	Abenteuer
Árvores	Bäume
Bússola	Kompass
Cabine	Kabine
Caça	Jagd
Canoa	Kanu
Chapéu	Hut
Corda	Seil
Equipamento	Ausrüstung
Floresta	Wald
Fogo	Feuer
Inseto	Insekt
Lago	See
Lua	Mond
Maca	Hängematte
Mapa	Karte
Montanha	Berg
Natureza	Natur
Tenda	Zelt

Adjetivos #1
Adjektive #1

Absoluto	Absolut
Aromático	Aromatisch
Artístico	Künstlerisch
Atraente	Attraktiv
Enorme	Riesig
Escuro	Dunkel
Exótico	Exotisch
Fino	Dünn
Generoso	Grosszügig
Grande	Gross
Honesto	Ehrlich
Idêntico	Identisch
Importante	Wichtig
Lento	Langsam
Misterioso	Geheimnisvoll
Moderno	Modern
Perfeito	Perfekt
Pesado	Schwer
Sério	Ernst
Valioso	Wertvoll

Adjetivos #2
Adjektive #2

Autêntico	Authentisch
Criativo	Kreativ
Descritivo	Beschreibend
Dotado	Begabt
Elegante	Elegant
Famoso	Berühmt
Forte	Stark
Grosso	Dick
Interessante	Interessant
Natural	Natürlich
Normal	Normal
Novo	Neu
Orgulhoso	Stolz
Produtivo	Produktiv
Puro	Rein
Quente	Heiss
Salgado	Salzig
Saudável	Gesund
Seco	Trocken
Selvagem	Wild

Animais de Estimação
Haustiere

Água	Wasser
Cabra	Ziege
Cachorro	Welpe
Cauda	Schwanz
Cão	Hund
Coelho	Hase
Colarinho	Kragen
Garras	Krallen
Gatinho	Kätzchen
Gato	Katze
Hamster	Hamster
Lagarto	Eidechse
Mouse	Maus
Papagaio	Papagei
Peixe	Fisch
Tartaruga	Schildkröte
Vaca	Kuh
Veterinário	Tierarzt

Aniversário
Geburtstag

Alegre	Freudig
Amigos	Freunde
Ano	Jahr
Aprender	Lernen
Bolo	Kuchen
Calendário	Kalender
Canção	Lied
Cartões	Karten
Celebração	Feier
Convites	Einladungen
Dia	Tag
Dom	Geschenk
Especial	Spezial
Feliz	Glücklich
Jovem	Jung
Nascer	Geboren
Sabedoria	Weisheit
Tempo	Zeit
Velas	Kerzen

Antártica
Antarktis

Ambiente	Umwelt
Água	Wasser
Baía	Bucht
Baleias	Wale
Conservação	Erhaltung
Continente	Kontinent
Expedição	Expedition
Exploração	Exploration
Geleiras	Gletscher
Gelo	Eis
Geografia	Geographie
Ilhas	Inseln
Investigador	Forscher
Migração	Migration
Minerais	Mineralien
Península	Halbinsel
Pinguins	Pinguine
Rochoso	Felsig
Temperatura	Temperatur
Topografia	Topographie

Arte
Kunst

Cerâmica	Keramik
Complexo	Komplex
Criar	Schaffen
Escultura	Skulptur
Expressão	Ausdruck
Honesto	Ehrlich
Humor	Stimmung
Inspirado	Inspiriert
Original	Original
Pessoal	Persönlich
Pinturas	Gemälde
Poesia	Poesie
Retratar	Porträtieren
Simples	Einfach
Símbolo	Symbol
Sujeito	Gegenstand
Surrealismo	Surrealismus
Visual	Visuell

Artes Visuais
Bildende Kunst

Argila	Ton
Arquitetura	Architektur
Artista	Künstler
Caneta	Stift
Carvão	Holzkohle
Cavalete	Staffelei
Cera	Wachs
Cerâmica	Keramik
Criatividade	Kreativität
Escultura	Skulptur
Estêncil	Schablone
Filme	Film
Fotografia	Foto
Giz	Kreide
Lápis	Bleistift
Obra-Prima	Meisterwerk
Perspectiva	Perspektive
Pintura	Gemälde
Retrato	Porträt
Verniz	Lack

Astronomia
Astronomie

Asteróide	Asteroid
Astronauta	Astronaut
Astrônomo	Astronom
Céu	Himmel
Constelação	Konstellation
Cosmos	Kosmos
Eclipse	Finsternis
Foguete	Rakete
Galáxia	Galaxie
Gravidade	Schwerkraft
Lua	Mond
Meteoro	Meteor
Nebulosa	Nebel
Observatório	Observatorium
Planeta	Planet
Radiação	Strahlung
Solar	Solar
Supernova	Supernova
Terra	Erde
Universo	Universum

Atividades
Aktivitäten

Arte	Kunst
Artesanato	Kunsthandwerk
Atividade	Aktivität
Caca	Jagd
Caminhada	Wandern
Cerâmica	Keramik
Fotografia	Fotografie
Habilidade	Fähigkeit
Interesses	Interessen
Jardinagem	Gartenarbeit
Jogos	Spiele
Lazer	Freizeit
Lendo	Lesen
Magia	Magie
Pesca	Angeln
Pintura	Gemälde
Prazer	Vergnügen
Relaxamento	Entspannung

Atividades e Lazer
Aktivitäten und Freizeit

Acampamento	Camping
Arte	Kunst
Basquete	Basketball
Beisebol	Baseball
Boxe	Boxen
Caminhada	Wandern
Corrida	Rennen
Futebol	Fussball
Golfe	Golf
Hobbies	Hobbies
Jardinagem	Gartenarbeit
Mergulho	Tauchen
Natação	Schwimmen
Pesca	Angeln
Pintura	Gemälde
Relaxante	Entspannend
Surfe	Surfen
Tênis	Tennis
Viagem	Reise
Voleibol	Volleyball

Aventura
Abenteuer

Alegria	Freude
Amigos	Freunde
Atividade	Aktivität
Beleza	Schönheit
Bravura	Tapferkeit
Chance	Chance
Destino	Ziel
Dificuldade	Schwierigkeit
Entusiasmo	Begeisterung
Excursão	Ausflug
Incomum	Ungewöhnlich
Itinerário	Route
Natureza	Natur
Navegação	Navigation
Novo	Neu
Oportunidade	Gelegenheit
Perigoso	Gefährlich
Preparação	Vorbereitung
Segurança	Sicherheit
Surpreendente	Überraschend

Aviões
Flugzeuge

Altura	Höhe
Ar	Luft
Aterrissagem	Landung
Atmosfera	Atmosphäre
Aventura	Abenteuer
Balão	Ballon
Céu	Himmel
Combustível	Brennstoff
Construção	Konstruktion
Descida	Abstieg
Direção	Richtung
Hidrogênio	Wasserstoff
História	Geschichte
Inflar	Aufblasen
Motor	Motor
Navegar	Navigieren
Passageiro	Passagier
Piloto	Pilot
Tripulação	Crew
Turbulência	Turbulenz

Água
Wasser

Canal	Kanal
Chuva	Regen
Chuveiro	Dusche
Evaporação	Verdunstung
Furacão	Hurrikan
Geada	Frost
Gelo	Eis
Geyser	Geysir
Inundação	Flut
Irrigação	Bewässerung
Lago	See
Monção	Monsun
Neve	Schnee
Oceano	Ozean
Ondas	Wellen
Potável	Trinkbar
Rio	Fluss
Umidade	Feuchtigkeit
Vapor	Dampf

Balé
Ballett

Aplauso	Applaus
Artístico	Künstlerisch
Bailarina	Ballerina
Compositor	Komponist
Coreografia	Choreographie
Dançarinos	Tänzer
Ensaio	Probe
Estilo	Stil
Expressivo	Ausdrucksvoll
Gesto	Geste
Gracioso	Anmutig
Habilidade	Fähigkeit
Intensidade	Intensität
Música	Musik
Orquestra	Orchester
Prática	Praxis
Público	Publikum
Ritmo	Rhythmus
Solo	Solo
Técnica	Technik

Banheiro
Badezimmer

Água	Wasser
Banheiro	Toilette
Banho	Bad
Bolhas	Blasen
Chuveiro	Dusche
Espelho	Spiegel
Esponja	Schwamm
Loção	Lotion
Perfume	Parfüm
Sabão	Seife
Tapete	Teppich
Tesoura	Schere
Toalha	Handtuch
Torneira	Wasserhahn
Vapor	Dampf
Xampu	Shampoo

Barcos
Boote

Âncora	Anker
Balsa	Fähre
Bóia	Boje
Caiaque	Kajak
Canoa	Kanu
Corda	Seil
Doca	Dock
Iate	Yacht
Jangada	Floss
Lago	See
Mar	Meer
Maré	Tide
Marinheiro	Seemann
Mastro	Mast
Motor	Motor
Náutico	Nautisch
Oceano	Ozean
Ondas	Wellen
Rio	Fluss
Tripulação	Crew

Brinquedos
Spielzeuge

Argila	Ton
Artesanato	Kunsthandwerk
Avião	Flugzeug
Barco	Boot
Bateria	Schlagzeug
Bicicleta	Fahrrad
Bola	Ball
Boneca	Puppe
Caminhão	Lkw
Carro	Auto
Favorito	Favorit
Imaginação	Phantasie
Jogos	Spiele
Livros	Bücher
Pipa	Drachen
Robô	Roboter
Xadrez	Schach

Caminhada
Wandern

Acampamento	Camping
Animais	Tiere
Água	Wasser
Botas	Stiefel
Cansado	Müde
Clima	Klima
Guias	Führer
Mapa	Karte
Montanha	Berg
Natureza	Natur
Orientação	Orientierung
Parques	Parks
Pedras	Steine
Penhasco	Klippe
Perigos	Gefahren
Pesado	Schwer
Preparação	Vorbereitung
Selvagem	Wild
Sol	Sonne
Tempo	Wetter

Campeonato
Meisterschaft

Campeão	Champion
Campeonato	Meisterschaft
Desempenho	Performance
Equipe	Mannschaft
Esportes	Sport
Estratégia	Strategie
Finalista	Finalist
Jogos	Spiele
Juiz	Richter
Liga	Liga
Medalha	Medaille
Motivação	Motivation
Resistência	Ausdauer
Torneio	Turnier
Treinador	Trainer
Vitória	Sieg

Casa
Haus

Biblioteca	Bibliothek
Cerca	Zaun
Chaves	Schlüssel
Chuveiro	Dusche
Cortinas	Vorhang
Cozinha	Küche
Espelho	Spiegel
Garagem	Garage
Janela	Fenster
Jardim	Garten
Lareira	Kamin
Mobiliário	Möbel
Parede	Wand
Porta	Tür
Quarto	Zimmer
Sótão	Dachboden
Tapete	Teppich
Teto	Decke
Torneira	Wasserhahn
Vassoura	Besen

Castelos
Schlösser

Armadura	Rüstung
Catapulta	Katapult
Cavaleiro	Ritter
Cavalo	Pferd
Coroa	Krone
Dinastia	Dynastie
Dragão	Drache
Escudo	Schild
Espada	Schwert
Feudal	Feudal
Fortaleza	Festung
Império	Reich
Nobre	Edel
Palácio	Palast
Parede	Wand
Princesa	Prinzessin
Príncipe	Prinz
Reino	Königreich
Torre	Turm
Unicórnio	Einhorn

Chocolate
Schokolade

Açúcar	Zucker
Amargo	Bitter
Amendoins	Erdnüsse
Antioxidante	Antioxidans
Aroma	Aroma
Artesanal	Handwerklich
Cacau	Kakao
Calorias	Kalorien
Caramelo	Karamell
Coco	Kokosnuss
Comer	Essen
Delicioso	Köstlich
Doce	Süss
Exótico	Exotisch
Favorito	Favorit
Gosto	Geschmack
Ingrediente	Zutat
Pó	Pulver
Qualidade	Qualität
Receita	Rezept

Churrascos
Barbecues

Almoço	Mittagessen
Convite	Einladung
Crianças	Kinder
Facas	Messer
Família	Familie
Fome	Hunger
Frango	Huhn
Fruta	Frucht
Grelha	Grill
Jantar	Abendessen
Jogos	Spiele
Legumes	Gemüse
Molho	Sosse
Música	Musik
Pimenta	Pfeffer
Quente	Heiss
Sal	Salz
Saladas	Salate
Tomates	Tomaten
Verão	Sommer

Cidade
Stadt

Aeroporto	Flughafen
Banco	Bank
Biblioteca	Bibliothek
Cinema	Kino
Escola	Schule
Estádio	Stadion
Farmácia	Apotheke
Florista	Blumenhändler
Galeria	Galerie
Hotel	Hotel
Jardim Zoológico	Zoo
Livraria	Buchhandlung
Mercado	Markt
Museu	Museum
Padaria	Bäckerei
Restaurante	Restaurant
Salão	Salon
Supermercado	Supermarkt
Teatro	Theater
Universidade	Universität

Ciência
Wissenschaft

Átomo	Atom
Clima	Klima
Dados	Daten
Evolução	Evolution
Experiência	Experiment
Fato	Tatsache
Física	Physik
Fóssil	Fossil
Gravidade	Schwerkraft
Hipótese	Hypothese
Laboratório	Labor
Método	Methode
Minerais	Mineralien
Moléculas	Moleküle
Natureza	Natur
Organismo	Organismus
Partículas	Partikel
Plantas	Pflanzen
Químico	Chemisch

Circo
Zirkus

Acrobata	Akrobat
Animais	Tiere
Balões	Ballons
Bilhete	Fahrkarte
Desfile	Parade
Elefante	Elefant
Entreter	Unterhalten
Espectador	Zuschauer
Espetacular	Spektakulär
Leão	Löwe
Macaco	Affe
Magia	Magie
Malabarista	Jongleur
Mágico	Zauberer
Música	Musik
Palhaço	Clown
Tenda	Zelt
Tigre	Tiger
Traje	Kostüm
Truque	Trick

Clima
Wetter

Arco-Íris	Regenbogen
Atmosfera	Atmosphäre
Brisa	Brise
Céu	Himmel
Clima	Klima
Furacão	Hurrikan
Gelo	Eis
Monção	Monsun
Nevoeiro	Nebel
Nuvem	Wolke
Polar	Polar
Relâmpago	Blitz
Seca	Dürre
Seco	Trocken
Temperatura	Temperatur
Tempestade	Sturm
Tornado	Tornado
Tropical	Tropisch
Trovão	Donner
Vento	Wind

Comida # 2
Essen #2

Alcachofra	Artischocke
Amêndoa	Mandel
Arroz	Reis
Banana	Banane
Beringela	Aubergine
Brócolis	Brokkoli
Cereja	Kirsche
Chocolate	Schokolade
Cogumelo	Pilz
Frango	Huhn
Iogurte	Joghurt
Kiwi	Kiwi
Maçã	Apfel
Ovo	Ei
Peixe	Fisch
Presunto	Schinken
Queijo	Käse
Tomate	Tomate
Trigo	Weizen
Uva	Traube

Comida #1
Essen #1

Açúcar	Zucker
Alho	Knoblauch
Amendoim	Erdnuss
Atum	Thunfisch
Bolo	Kuchen
Canela	Zimt
Cebola	Zwiebel
Cenoura	Karotte
Cevada	Gerste
Damasco	Aprikose
Espinafre	Spinat
Leite	Milch
Limão	Zitrone
Manjericão	Basilikum
Morango	Erdbeere
Nabo	Rübe
Sal	Salz
Salada	Salat
Sopa	Suppe
Suco	Saft

Conservação
Erhaltung

Ambiental	Umwelt
Água	Wasser
Ciclo	Zyklus
Clima	Klima
Ecossistema	Ökosystem
Educação	Bildung
Habitat	Lebensraum
Natural	Natürlich
Orgânico	Organisch
Pesticida	Pestizid
Poluição	Verschmutzung
Reciclar	Recyceln
Reduzir	Reduzieren
Saúde	Gesundheit
Sustentável	Nachhaltig
Verde	Grün
Voluntário	Freiwillige

Cores
Farben

Amarelo	Gelb
Azul	Blau
Bege	Beige
Branco	Weiss
Carmesim	Purpur
Ciano	Zyan
Cinza	Grau
Fuchsia	Fuchsie
Laranja	Orange
Magenta	Magenta
Marrom	Braun
Preto	Schwarz
Rosa	Rosa
Roxo	Lila
Sépia	Sepia
Verde	Grün
Vermelho	Rot
Violeta	Violett

Corpo Humano
Menschlicher Körper

Boca	Mund
Cabeça	Kopf
Cérebro	Gehirn
Coração	Herz
Cotovelo	Ellbogen
Dedo	Finger
Joelho	Knie
Mandíbula	Kiefer
Mão	Hand
Nariz	Nase
Olho	Auge
Ombro	Schulter
Orelha	Ohr
Pele	Haut
Perna	Bein
Pescoço	Hals
Queixo	Kinn
Sangue	Blut
Testa	Stirn
Tornozelo	Knöchel

Cozinha
Küche

Avental	Schürze
Chaleira	Wasserkocher
Colheres	Löffel
Comer	Essen
Concha	Kelle
Cups	Tassen
Especiarias	Gewürze
Esponja	Schwamm
Facas	Messer
Forno	Ofen
Garfos	Gabeln
Geladeira	Kühlschrank
Grelha	Grill
Guardanapo	Serviette
Jarro	Krug
Pauzinhos	Essstäbchen
Receita	Rezept
Tigela	Schüssel

Dança
Tanzen

Academia	Akademie
Alegre	Freudig
Arte	Kunst
Clássico	Klassisch
Coreografia	Choreographie
Corpo	Körper
Cultura	Kultur
Cultural	Kulturell
Emoção	Emotion
Ensaio	Probe
Expressivo	Ausdrucksvoll
Graça	Anmut
Movimento	Bewegung
Música	Musik
Parceiro	Partner
Postura	Haltung
Ritmo	Rhythmus
Saltar	Springen
Tradicional	Traditionell
Visual	Visuell

Dias e Meses
Tage und Monate

Abril	April
Agosto	August
Ano	Jahr
Calendário	Kalender
Dezembro	Dezember
Domingo	Sonntag
Fevereiro	Februar
Janeiro	Januar
Julho	Juli
Junho	Juni
Mês	Monat
Novembro	November
Outubro	Oktober
Quinta-Feira	Donnerstag
Sábado	Samstag
Segunda-Feira	Montag
Semana	Woche
Setembro	September
Sexta-Feira	Freitag
Terça	Dienstag

Dinossauros
Dinosaurier

Asas	Flügel
Cauda	Schwanz
Desaparecimento	Verschwinden
Enorme	Enorm
Espécies	Art
Evolução	Evolution
Fósseis	Fossilien
Grande	Gross
Mamute	Mammut
Onívoro	Allesfresser
Presa	Beute
Pré-Histórico	Prähistorisch
Raptor	Raubvogel
Réptil	Reptil
Tamanho	Grösse
Terra	Erde
Vicioso	Bösartig

Dirigindo
Fahren

Acidente	Unfall
Caminhão	Lkw
Carro	Auto
Combustível	Brennstoff
Cuidado	Vorsicht
Estrada	Strasse
Freios	Bremsen
Garagem	Garage
Gás	Gas
Licença	Lizenz
Mapa	Karte
Motocicleta	Motorrad
Motor	Motor
Pedestre	Fussgänger
Perigo	Gefahr
Polícia	Polizei
Segurança	Sicherheit
Transporte	Transport
Tráfego	Verkehr
Túnel	Tunnel

Disciplinas Científicas
Wissenschaftliche Disziplinen

Anatomia	Anatomie
Arqueologia	Archäologie
Astronomia	Astronomie
Biologia	Biologie
Bioquímica	Biochemie
Botânica	Botanik
Cinesiologia	Kinesiologie
Ecologia	Ökologie
Fisiologia	Physiologie
Geologia	Geologie
Imunologia	Immunologie
Linguística	Linguistik
Meteorologia	Meteorologie
Mineralogia	Mineralogie
Neurologia	Neurologie
Psicologia	Psychologie
Química	Chemie
Sociologia	Soziologie
Termodinâmica	Thermodynamik
Zoologia	Zoologie

Ecologia
Ökologie

Clima	Klima
Comunidades	Gemeinschaft
Diversidade	Vielfalt
Espécies	Art
Fauna	Fauna
Flora	Flora
Global	Global
Habitat	Lebensraum
Marinho	Marine
Montanhas	Berge
Natural	Natürlich
Natureza	Natur
Pântano	Sumpf
Plantas	Pflanzen
Recursos	Ressourcen
Seca	Dürre
Sobrevivência	Überleben
Sustentável	Nachhaltig
Vegetação	Vegetation
Voluntários	Freiwillige

Edifícios
Gebäude

Apartamento	Apartment
Castelo	Schloss
Celeiro	Scheune
Cinema	Kino
Embaixada	Botschaft
Escola	Schule
Estádio	Stadion
Fazenda	Bauernhof
Fábrica	Fabrik
Garagem	Garage
Hospital	Krankenhaus
Hotel	Hotel
Laboratório	Labor
Museu	Museum
Observatório	Observatorium
Supermercado	Supermarkt
Teatro	Theater
Tenda	Zelt
Torre	Turm
Universidade	Universität

Emoções
Emotionen

Alegria	Freude
Amor	Liebe
Animado	Aufgeregt
Calmo	Ruhig
Conteúdo	Inhalt
Envergonhado	Beschämt
Grato	Dankbar
Medo	Angst
Paz	Frieden
Raiva	Wut
Relaxado	Entspannt
Satisfeito	Zufrieden
Simpatia	Sympathie
Ternura	Zärtlichkeit
Tédio	Langeweile
Tranquilidade	Ruhe
Tristeza	Traurigkeit

Escalada
Klettern

Altitude	Höhe
Atmosfera	Atmosphäre
Botas	Stiefel
Caminhada	Wandern
Capacete	Helm
Caverna	Höhle
Curiosidade	Neugier
Especialista	Experte
Estabilidade	Stabilität
Estreito	Schmal
Físico	Physisch
Força	Stärke
Guias	Führer
Luvas	Handschuhe
Mapa	Karte
Terreno	Gelände

Escola # 2
Schule #2

Acadêmico	Akademisch
Atividades	Aktivitäten
Biblioteca	Bibliothek
Calendário	Kalender
Ciência	Wissenschaft
Computador	Computer
Dicionário	Wörterbuch
Educação	Bildung
Gramática	Grammatik
Jogos	Spiele
Lápis	Bleistift
Leitura	Lesen
Literatura	Literatur
Livros	Bücher
Matemática	Mathematik
Mochila	Rucksack
Papel	Papier
Professor	Lehrer
Suprimentos	Vorräte
Tesoura	Schere

Escola #1
Schule #1

Alfabeto	Alphabet
Almoço	Mittagessen
Amigos	Freunde
Aprender	Lernen
Biblioteca	Bibliothek
Cadeira	Stuhl
Canetas	Stifte
Exames	Prüfungen
Lápis	Bleistift
Livros	Bücher
Matemática	Mathematik
Mesa	Schreibtisch
Números	Zahlen
Papel	Papier
Pastas	Ordner
Professor	Lehrer
Questionário	Quiz
Respostas	Antworten

Especiarias
Gewürze

Açafrão	Safran
Alcaçuz	Lakritze
Alho	Knoblauch
Amargo	Bitter
Anis	Anis
Azedo	Sauer
Baunilha	Vanille
Canela	Zimt
Cardamomo	Kardamom
Caril	Curry
Cebola	Zwiebel
Coentro	Koriander
Cominho	Kreuzkümmel
Doce	Süss
Funcho	Fenchel
Gengibre	Ingwer
Noz-Moscada	Muskatnuss
Pimenta	Pfeffer
Sabor	Geschmack
Sal	Salz

Esportes
Sport

Atleta	Athlet
Basquete	Basketball
Beisebol	Baseball
Bicicleta	Fahrrad
Campeonato	Meisterschaft
Equipe	Mannschaft
Estádio	Stadion
Ganhador	Gewinner
Ginásio	Gymnasium
Ginástica	Gymnastik
Golfe	Golf
Hóquei	Eishockey
Jogador	Spieler
Jogo	Spiel
Movimento	Bewegung
Tênis	Tennis
Treinador	Trainer

Exploração
Erforschung

Animais	Tiere
Aprender	Lernen
Atividade	Aktivität
Busca	Suche
Coragem	Mut
Culturas	Kulturen
Descoberta	Entdeckung
Desconhecido	Unbekannt
Distante	Fern
Espaço	Raum
Exaustão	Erschöpfung
Excitação	Aufregung
Língua	Sprache
Novo	Neu
Perigos	Gefahren
Selvagem	Wild
Terreno	Gelände
Viagem	Reise

Família
Familie

Antepassado	Vorfahr
Avó	Grossmutter
Criança	Kind
Crianças	Kinder
Esposa	Ehefrau
Filha	Tochter
Infância	Kindheit
Irmã	Schwester
Irmão	Bruder
Marido	Ehemann
Materno	Mütterlich
Mãe	Mutter
Neto	Enkel
Pai	Vater
Paterno	Väterlich
Primo	Vetter
Sobrinha	Nichte
Sobrinho	Neffe
Tia	Tante
Tio	Onkel

Fazenda #1
Bauernhof #1

Abelha	Biene
Arroz	Reis
Água	Wasser
Bezerro	Kalb
Burro	Esel
Cabra	Ziege
Campo	Feld
Cavalo	Pferd
Cão	Hund
Cerca	Zaun
Corvo	Krähe
Feno	Heu
Fertilizante	Dünger
Frango	Huhn
Gato	Katze
Mel	Honig
Porco	Schwein
Rebanho	Herde
Terra	Land
Vaca	Kuh

Fazenda #2
Bauernhof #2

Agricultor	Bauer
Animais	Tiere
Celeiro	Scheune
Cevada	Gerste
Colmeia	Bienenstock
Cordeiro	Lamm
Fruta	Frucht
Irrigação	Bewässerung
Leite	Milch
Lhama	Lama
Maduro	Reif
Milho	Mais
Ovelha	Schaf
Pastor	Schäfer
Pato	Ente
Pomar	Obstgarten
Prado	Wiese
Trator	Traktor
Trigo	Weizen
Vegetal	Gemüse

Ferramentas
Tools

Alicate	Zange
Cabo	Kabel
Cola	Leim
Corda	Seil
Escada	Leiter
Faca	Messer
Grampeador	Hefter
Grampo	Heftklammer
Machado	Axt
Martelo	Hammer
Navalha	Rasierer
Parafuso	Schraube
Pá	Schaufel
Roda	Rad
Tesoura	Schere
Tocha	Fackel

Ferramentas de Cozinha
Kochen Tools

Chaleira	Wasserkocher
Coador	Sieb
Colher	Löffel
Espátula	Spatel
Faca	Messer
Fogão	Herd
Forno	Ofen
Garfo	Gabel
Geladeira	Kühlschrank
Liquidificador	Mixer
Ralador	Reibe
Talheres	Besteck
Tampa	Deckel
Termômetro	Thermometer
Tesoura	Schere
Torradeira	Toaster

Férias #1
Urlaub #1

Alfândega	Zoll
Avião	Flugzeug
Bilhete	Fahrkarte
Bonde	Strassenbahn
Carro	Auto
Expedição	Expedition
Guarda-Chuva	Regenschirm
Itinerário	Route
Lago	See
Mala	Koffer
Mochila	Rucksack
Moeda	Währung
Museu	Museum
Partida	Abreise
Relaxamento	Entspannung
Turista	Tourist

Férias #2
Urlaub #2

Acampamento	Camping
Aeroporto	Flughafen
Destino	Ziel
Estrangeiro	Ausländer
Feriado	Urlaub
Fotos	Fotos
Hotel	Hotel
Ilha	Insel
Lazer	Freizeit
Mapa	Karte
Mar	Meer
Montanhas	Berge
Passaporte	Pass
Praia	Strand
Restaurante	Restaurant
Táxi	Taxi
Tenda	Zelt
Transporte	Transport
Viagem	Reise
Visto	Visum

Ficção Científica
Science Fiction

Atómico	Atomic
Cinema	Kino
Distante	Fern
Distopia	Dystopie
Explosão	Explosion
Extremo	Extrem
Fantástico	Fantastisch
Fogo	Feuer
Futurista	Futuristisch
Galáxia	Galaxie
Ilusão	Illusion
Imaginário	Imaginär
Livros	Bücher
Misterioso	Geheimnisvoll
Mundo	Welt
Oráculo	Orakel
Planeta	Planet
Robôs	Roboter
Tecnologia	Technologie
Utopia	Utopie

Flores
Blumen

Buquê	Strauss
Dente-De-Leão	Löwenzahn
Gardênia	Gardenie
Girassol	Sonnenblume
Hibisco	Hibiskus
Jasmim	Jasmin
Lavanda	Lavendel
Lilás	Lila
Lírio	Lilie
Magnólia	Magnolie
Margarida	Gänseblümchen
Orquídea	Orchidee
Papoula	Mohn
Peônia	Pfingstrose
Pétala	Blütenblatt
Plumeria	Plumeria
Rosa	Rose
Trevo	Klee
Tulipa	Tulpe

Floresta Tropical
Regenwald

Anfíbios	Amphibien
Botânico	Botanisch
Clima	Klima
Comunidade	Gemeinschaft
Diversidade	Vielfalt
Espécies	Art
Indígena	Einheimisch
Insetos	Insekten
Mamíferos	Säugetiere
Musgo	Moos
Natureza	Natur
Nuvens	Wolken
Pássaros	Vögel
Refúgio	Zuflucht
Respeito	Respekt
Selva	Dschungel
Sobrevivência	Überleben
Valioso	Wertvoll

Formas
Formen

Arco	Bogen
Canto	Ecke
Cilindro	Zylinder
Círculo	Kreis
Cone	Kegel
Cubo	Würfel
Curva	Kurve
Elipse	Ellipse
Esfera	Kugel
Hipérbole	Hyperbel
Lado	Seite
Linha	Linie
Oval	Oval
Pirâmide	Pyramide
Polígono	Polygon
Prisma	Prisma
Quadrado	Quadrat
Retângulo	Rechteck
Triângulo	Dreieck

Frutas
Obst

Abacate	Avocado
Abacaxi	Ananas
Amora	Brombeere
Baga	Beere
Banana	Banane
Cereja	Kirsche
Coco	Kokosnuss
Damasco	Aprikose
Figo	Feige
Framboesa	Himbeere
Kiwi	Kiwi
Laranja	Orange
Limão	Zitrone
Maçã	Apfel
Mamão	Papaya
Manga	Mango
Nectarina	Nektarine
Pera	Birne
Pêssego	Pfirsich
Uva	Traube

Geografia
Geographie

Altitude	Höhe
Atlas	Atlas
Cidade	Stadt
Continente	Kontinent
Hemisfério	Hemisphäre
Ilha	Insel
Latitude	Breite
Mapa	Karte
Mar	Meer
Meridiano	Meridian
Montanha	Berg
Mundo	Welt
Norte	Norden
Oceano	Ozean
Oeste	West
País	Land
Região	Region
Rio	Fluss
Sul	Süden
Território	Gebiet

Geologia
Geologie

Ácido	Säure
Camada	Schicht
Caverna	Höhle
Cálcio	Kalzium
Continente	Kontinent
Coral	Koralle
Cristais	Kristalle
Erosão	Erosion
Estalactite	Stalaktit
Estalagmites	Stalagmiten
Fóssil	Fossil
Lava	Lava
Minerais	Mineralien
Pedra	Stein
Platô	Plateau
Quartzo	Quarz
Sal	Salz
Terremoto	Erdbeben
Vulcão	Vulkan
Zona	Zone

Herbalismo
Kräuterkunde

Açafrão	Safran
Alecrim	Rosmarin
Alho	Knoblauch
Aromático	Aromatisch
Benéfico	Vorteilhaft
Estragão	Estragon
Flor	Blume
Funcho	Fenchel
Ingrediente	Zutat
Jardim	Garten
Lavanda	Lavendel
Manjericão	Basilikum
Manjerona	Majoran
Orégano	Oregano
Planta	Pflanze
Qualidade	Qualität
Sabor	Geschmack
Salsa	Petersilie
Tomilho	Thymian
Verde	Grün

Insetos
Insekten

Abelha	Biene
Barata	Kakerlake
Besouro	Käfer
Borboleta	Schmetterling
Cigarra	Zikade
Cupim	Termite
Formiga	Ameise
Gafanhoto	Heuschrecke
Joaninha	Marienkäfer
Larva	Larve
Libélula	Libelle
Mariposa	Motte
Minhoca	Wurm
Mosquito	Mücke
Pulga	Floh
Pulgão	Blattlaus
Vespa	Wespe

Instrumentos Musicais
Musikinstrumente

Bandolim	Mandoline
Banjo	Banjo
Clarinete	Klarinette
Fagote	Fagott
Flauta	Flöte
Gaita	Mundharmonika
Gongo	Gong
Harpa	Harfe
Marimba	Marimba
Oboé	Oboe
Pandeiro	Tamburin
Percussão	Schlagzeug
Piano	Klavier
Saxofone	Saxophon
Tambor	Trommel
Trombone	Posaune
Trompete	Trompete
Violão	Gitarre
Violino	Geige
Violoncelo	Cello

Jardim
Garten

Ancinho	Rechen
Arbusto	Busch
Árvore	Baum
Banco	Bank
Cerca	Zaun
Ervas Daninhas	Unkraut
Flor	Blume
Garagem	Garage
Grama	Gras
Gramado	Rasen
Jardim	Garten
Lagoa	Teich
Maca	Hängematte
Mangueira	Schlauch
Pá	Schaufel
Pomar	Obstgarten
Solo	Boden
Terraço	Terrasse
Trampolim	Trampolin
Varanda	Veranda

Literatura
Literatur

Analogia	Analogie
Análise	Analyse
Anedota	Anekdote
Autor	Autor
Biografia	Biographie
Comparação	Vergleich
Descrição	Beschreibung
Diálogo	Dialog
Estilo	Stil
Ficção	Fiktion
Metáfora	Metapher
Narrador	Erzähler
Opinião	Meinung
Poema	Gedicht
Poético	Poetisch
Rima	Reim
Ritmo	Rhythmus
Romance	Roman
Tema	Thema
Tragédia	Tragödie

Livros
Bücher

Autor	Autor
Aventura	Abenteuer
Coleção	Kollektion
Contexto	Kontext
Dualidade	Dualität
Escrito	Geschrieben
Épico	Episch
História	Geschichte
Histórico	Historisch
Inventivo	Erfinderisch
Leitor	Leser
Literário	Literarisch
Narrador	Erzähler
Página	Seite
Poema	Gedicht
Poesia	Poesie
Relevante	Relevant
Romance	Roman
Série	Serie
Trágico	Tragisch

Mamíferos
Säugetiere

Baleia	Wal
Camelo	Kamel
Canguru	Känguru
Castor	Biber
Cavalo	Pferd
Cão	Hund
Coelho	Hase
Coiote	Kojote
Elefante	Elefant
Gato	Katze
Girafa	Giraffe
Golfinho	Delfin
Gorila	Gorilla
Leão	Löwe
Lobo	Wolf
Macaco	Affe
Ovelha	Schaf
Raposa	Fuchs
Touro	Stier
Zebra	Zebra

Matemática
Mathematik

Aritmética	Arithmetik
Ângulos	Winkel
Circunferência	Umfang
Decimal	Dezimal
Diâmetro	Durchmesser
Equação	Gleichung
Expoente	Exponent
Fração	Bruchteil
Geometria	Geometrie
Números	Zahlen
Paralelo	Parallel
Perpendicular	Senkrecht
Polígono	Polygon
Quadrado	Quadrat
Raio	Radius
Retângulo	Rechteck
Simetria	Symmetrie
Soma	Summe
Triângulo	Dreieck
Volume	Volumen

Material de Arte
Kunst Liefert

Acrílico	Acryl
Apagador	Radiergummi
Argila	Ton
Água	Wasser
Cadeira	Stuhl
Carvão	Holzkohle
Cavalete	Staffelei
Câmera	Kamera
Cola	Leim
Cores	Farben
Criatividade	Kreativität
Escovas	Bürsten
Lápis	Bleistifte
Mesa	Tabelle
Óleo	Öl
Papel	Papier
Tinta	Tinte

Medições
Messungen

Altura	Höhe
Byte	Byte
Centímetro	Zentimeter
Comprimento	Länge
Decimal	Dezimal
Grama	Gramm
Grau	Grad
Largura	Breite
Litro	Liter
Massa	Masse
Metro	Meter
Minuto	Minute
Onça	Unze
Peso	Gewicht
Polegada	Zoll
Profundidade	Tiefe
Quilograma	Kilogramm
Quilômetro	Kilometer
Tonelada	Tonne
Volume	Volumen

Meditação
Meditation

Aceitação	Annahme
Acordado	Wach
Aprender	Lernen
Calmo	Ruhig
Clareza	Klarheit
Compaixão	Mitgefühl
Ensinamentos	Lehre
Felicidade	Glück
Gratidão	Dankbarkeit
Mental	Geistig
Mente	Verstand
Movimento	Bewegung
Música	Musik
Natureza	Natur
Paz	Frieden
Pensamentos	Gedanken
Perspectiva	Perspektive
Postura	Haltung
Respirando	Atmung
Silêncio	Stille

Mitologia
Mythologie

Arquétipo	Archetyp
Ciúmes	Eifersucht
Comportamento	Verhalten
Criação	Kreation
Criatura	Kreatur
Cultura	Kultur
Desastre	Katastrophe
Força	Stärke
Guerreiro	Krieger
Heroína	Heldin
Herói	Held
Labirinto	Labyrinth
Lenda	Legende
Mágico	Magisch
Monstro	Monster
Mortal	Sterblich
Relâmpago	Blitz
Triunfante	Triumphierend
Trovão	Donner
Vingança	Rache

Móveis
Möbel

Almofada	Kissen
Banco	Bank
Cadeira	Stuhl
Cama	Bett
Colchão	Matratze
Cortinas	Vorhang
Cômoda	Kommode
Espelho	Spiegel
Estante	Bücherregal
Futon	Futon
Maca	Hängematte
Mesa	Schreibtisch
Poltrona	Sessel
Prateleiras	Regal
Sofá	Couch
Tapete	Teppich

Natureza
Natur

Abelhas	Bienen
Abrigo	Schutz
Animais	Tiere
Ártico	Arktis
Beleza	Schönheit
Deserto	Wüste
Dinâmico	Dynamisch
Erosão	Erosion
Floresta	Wald
Folhagem	Laub
Geleira	Gletscher
Nevoeiro	Nebel
Nuvens	Wolken
Pacífico	Friedlich
Rio	Fluss
Santuário	Heiligtum
Selvagem	Wild
Sereno	Heiter
Tropical	Tropisch
Vital	Lebenswichtig

Nutrição
Ernährung

Amargo	Bitter
Apetite	Appetit
Calorias	Kalorien
Carboidratos	Kohlenhydrate
Comestível	Essbar
Dieta	Diät
Digestão	Verdauung
Equilibrado	Ausgewogen
Fermentação	Fermentation
Líquidos	Flüssigkeiten
Molho	Sosse
Nutriente	Nährstoff
Peso	Gewicht
Proteínas	Proteine
Qualidade	Qualität
Sabor	Geschmack
Saudável	Gesund
Saúde	Gesundheit
Toxina	Toxin
Vitamina	Vitamin

Números
Zahlen

Cinco	Fünf
Decimal	Dezimal
Dez	Zehn
Dezesseis	Sechzehn
Dezessete	Siebzehn
Dezoito	Achtzehn
Dois	Zwei
Doze	Zwölf
Nove	Neun
Oito	Acht
Quatorze	Vierzehn
Quatro	Vier
Quinze	Fünfzehn
Seis	Sechs
Sete	Sieben
Treze	Dreizehn
Três	Drei
Um	Eins
Vinte	Zwanzig
Zero	Null

Oceano
Ozean

Atum	Thunfisch
Baleia	Wal
Barco	Boot
Camarão	Garnele
Caranguejo	Krabbe
Coral	Koralle
Enguia	Aal
Esponja	Schwamm
Golfinho	Delfin
Marés	Gezeiten
Medusa	Qualle
Ondas	Wellen
Ostra	Auster
Peixe	Fisch
Polvo	Krake
Recife	Riff
Sal	Salz
Tartaruga	Schildkröte
Tempestade	Sturm
Tubarão	Hai

Paisagens
Landschaften

Cascata	Wasserfall
Caverna	Höhle
Colina	Hügel
Deserto	Wüste
Geleira	Gletscher
Golfo	Golf
Iceberg	Eisberg
Ilha	Insel
Lago	See
Mar	Meer
Montanha	Berg
Oásis	Oase
Oceano	Ozean
Pântano	Sumpf
Península	Halbinsel
Praia	Strand
Rio	Fluss
Tundra	Tundra
Vale	Tal
Vulcão	Vulkan

Países #2
Länder #2

Albânia	Albanien
Dinamarca	Dänemark
França	Frankreich
Grécia	Griechenland
Haiti	Haiti
Indonésia	Indonesien
Irlanda	Irland
Jamaica	Jamaika
Japão	Japan
Laos	Laos
Líbano	Libanon
México	Mexiko
Nepal	Nepal
Nigéria	Nigeria
Paquistão	Pakistan
Rússia	Russland
Síria	Syrien
Somália	Somalia
Ucrânia	Ukraine
Uganda	Uganda

Pássaros
Vögel

Avestruz	Strauss
Águia	Adler
Cegonha	Storch
Cisne	Schwan
Corvo	Krähe
Cuco	Kuckuck
Flamingo	Flamingo
Frango	Huhn
Gaivota	Möwe
Ganso	Gans
Garça	Reiher
Ovo	Ei
Papagaio	Papagei
Pardal	Spatz
Pato	Ente
Pavão	Pfau
Pelicano	Pelikan
Pinguim	Pinguin
Pombo	Taube
Tucano	Toucan

Pesca
Angeln

Água	Wasser
Barbatanas	Flossen
Barco	Boot
Brânquias	Kiemen
Cesta	Korb
Cozinhar	Kochen
Equipamento	Ausrüstung
Exagero	Übertreibung
Fio	Draht
Gancho	Haken
Isca	Köder
Lago	See
Mandíbula	Kiefer
Oceano	Ozean
Paciência	Geduld
Peso	Gewicht
Praia	Strand
Rio	Fluss
Temporada	Jahreszeit

Piratas
Piraten

Aventura	Abenteuer
Âncora	Anker
Bússola	Kompass
Capitão	Kapitän
Caverna	Höhle
Cicatriz	Narbe
Espada	Schwert
Ilha	Insel
Lenda	Legende
Mapa	Karte
Mau	Schlecht
Moedas	Münzen
Oceano	Ozean
Ouro	Gold
Papagaio	Papagei
Perigo	Gefahr
Praia	Strand
Rum	Rum
Tesouro	Schatz
Tripulação	Crew

Plantas
Pflanzen

Arbusto	Busch
Árvore	Baum
Baga	Beere
Bambu	Bambus
Botânica	Botanik
Cacto	Kaktus
Erva	Kraut
Feijão	Bohne
Fertilizante	Dünger
Flor	Blume
Flora	Flora
Floresta	Wald
Folhagem	Laub
Grama	Gras
Hera	Efeu
Jardim	Garten
Musgo	Moos
Pétala	Blütenblatt
Raiz	Wurzel
Vegetação	Vegetation

Praia
Strand

Areia	Sand
Azul	Blau
Barco	Boot
Caranguejo	Krabbe
Costa	Küste
Doca	Dock
Guarda-Chuva	Regenschirm
Ilha	Insel
Lagoa	Lagune
Mar	Meer
Oceano	Ozean
Recife	Riff
Sandálias	Sandalen
Sol	Sonne
Toalha	Handtuch
Veleiro	Segelboot

Preencher
Zu Füllen

Bacia	Becken
Balde	Eimer
Bandeja	Tablett
Barril	Fass
Bolso	Tasche
Caixa	Box
Cesta	Korb
Envelope	Umschlag
Garrafa	Flasche
Gaveta	Schublade
Jar	Krug
Mala	Koffer
Navio	Schiff
Pacote	Paket
Pasta	Mappe
Tubo	Rohr
Vaso	Vase

Profissões #1
Berufe #1

Advogado	Rechtsanwalt
Alfaiate	Schneider
Artista	Künstler
Astrônomo	Astronom
Atleta	Athlet
Banqueiro	Bankier
Bombeiro	Feuerwehrmann
Caçador	Jäger
Cartógrafo	Kartograph
Dançarino	Tänzer
Editor	Editor
Embaixador	Botschafter
Encanador	Klempner
Geólogo	Geologe
Joalheiro	Juwelier
Marinheiro	Seemann
Músico	Musiker
Pianista	Pianist
Psicólogo	Psychologe
Veterinário	Tierarzt

Profissões #2
Berufe #2

Agricultor	Bauer
Astronauta	Astronaut
Bibliotecário	Bibliothekar
Biólogo	Biologe
Cirurgião	Chirurg
Dentista	Zahnarzt
Engenheiro	Ingenieur
Filósofo	Philosoph
Fotógrafo	Fotograf
Ilustrador	Illustrator
Inventor	Erfinder
Investigador	Forscher
Jardineiro	Gärtner
Jornalista	Journalist
Linguista	Linguist
Médico	Arzt
Piloto	Pilot
Pintor	Maler
Professor	Lehrer
Zoólogo	Zoologe

Restaurante # 2
Restaurant #2

Almoço	Mittagessen
Aperitivo	Vorspeise
Água	Wasser
Bebida	Getränk
Bolo	Kuchen
Cadeira	Stuhl
Colher	Löffel
Delicioso	Köstlich
Especiarias	Gewürze
Fruta	Frucht
Garçom	Kellner
Garfo	Gabel
Gelo	Eis
Jantar	Abendessen
Legumes	Gemüse
Macarrão	Nudeln
Peixe	Fisch
Sal	Salz
Salada	Salat
Sopa	Suppe

Restaurante #1
Restaurant #1

Alergia	Allergie
Café	Kaffee
Caixa	Kassierer
Carne	Fleisch
Comer	Essen
Cozinha	Küche
Faca	Messer
Frango	Huhn
Garçonete	Kellnerin
Guardanapo	Serviette
Menu	Menü
Molho	Sosse
Pão	Brot
Picante	Würzig
Placa	Teller
Reserva	Reservierung
Sobremesa	Dessert
Tigela	Schüssel

Roupas
Kleidung

Avental	Schürze
Blusa	Bluse
Calça	Hose
Camisa	Hemd
Casaco	Mantel
Chapéu	Hut
Cinto	Gürtel
Colar	Halskette
Jaqueta	Jacke
Jeans	Jeans
Luvas	Handschuhe
Meias	Socken
Moda	Mode
Pijama	Schlafanzug
Pulseira	Armband
Saia	Rock
Sandálias	Sandalen
Sapato	Schuh
Suéter	Pullover
Vestido	Kleid

Tecnologia
Technologie

Arquivo	Datei
Blog	Blog
Bytes	Bytes
Câmera	Kamera
Computador	Computer
Cursor	Cursor
Dados	Daten
Digital	Digital
Estatísticas	Statistik
Fonte	Schriftart
Internet	Internet
Mensagem	Nachricht
Navegador	Browser
Pesquisa	Forschung
Segurança	Sicherheit
Software	Software
Tela	Bildschirm
Virtual	Virtuell
Vírus	Virus

Tempo
Zeit

Agora	Jetzt
Ano	Jahr
Antes	Vor
Anual	Jährlich
Calendário	Kalender
Década	Jahrzehnt
Dia	Tag
Futuro	Zukunft
Hoje	Heute
Hora	Stunde
Manhã	Morgen
Meio-Dia	Mittag
Mês	Monat
Minuto	Minute
Momento	Moment
Noite	Nacht
Ontem	Gestern
Relógio	Uhr
Semana	Woche
Século	Jahrhundert

Tipos de Cabelo
Haartypen

Branco	Weiss
Brilhante	Glänzend
Cachos	Locken
Careca	Kahl
Cinza	Grau
Colori	Farbig
Encaracolado	Lockig
Fino	Dünn
Grosso	Dick
Loiro	Blond
Longo	Lang
Marrom	Braun
Ondulado	Wellig
Prata	Silber
Preto	Schwarz
Saudável	Gesund
Seco	Trocken
Suave	Weich
Trançado	Geflochten
Tranças	Zöpfe

Vegetais
Gemüse

Abóbora	Kürbis
Aipo	Sellerie
Alcachofra	Artischocke
Alho	Knoblauch
Batata	Kartoffel
Beringela	Aubergine
Brócolis	Brokkoli
Cebola	Zwiebel
Cenoura	Karotte
Chalota	Schalotte
Cogumelo	Pilz
Ervilha	Erbse
Espinafre	Spinat
Gengibre	Ingwer
Nabo	Rübe
Pepino	Gurke
Rabanete	Rettich
Salada	Salat
Salsa	Petersilie
Tomate	Tomate

Veículos
Fahrzeuge

Ambulância	Krankenwagen
Avião	Flugzeug
Balsa	Fähre
Barco	Boot
Bicicleta	Fahrrad
Caminhão	Lkw
Caravana	Wohnwagen
Carro	Auto
Foguete	Rakete
Furgão	Van
Helicóptero	Hubschrauber
Jangada	Floss
Lambreta	Roller
Metrô	U-Bahn
Motor	Motor
Ônibus	Bus
Pneus	Reifen
Submarino	U-Boot
Táxi	Taxi
Trator	Traktor

Verão
Sommer

Acampamento	Camping
Alegria	Freude
Amigos	Freunde
Estrelas	Sterne
Família	Familie
Jardim	Garten
Jogos	Spiele
Lazer	Freizeit
Livros	Bücher
Mar	Meer
Mergulho	Tauchen
Música	Musik
Praia	Strand
Relaxamento	Entspannung
Sandálias	Sandalen
Viagem	Reise

Xadrez
Schach

Aprender	Lernen
Branco	Weiss
Campeão	Champion
Concurso	Wettbewerb
Diagonal	Diagonal
Estratégia	Strategie
Jogador	Spieler
Jogo	Spiel
Oponente	Gegner
Passivo	Passiv
Pontos	Punkte
Preto	Schwarz
Rainha	Königin
Regras	Regeln
Rei	König
Sacrifício	Opfer
Tempo	Zeit
Torneio	Turnier

Parabéns

Conseguiu!

Esperamos que tenha gostado tanto deste livro como nós gostamos de o desenhar. Esforçamo-nos por criar livros da mais alta qualidade possível.
Esta edição foi concebida para proporcionar uma aprendizagem inteligente, de qualidade e divertida!

Gostou deste livro?

Um simples pedido

Estes livros existem graças às críticas que publica.
Pode ajudar-nos, deixando agora uma revisão?

Aqui está um pequeno link para
a sua página de revisão:

BestBooksActivity.com/Avaliacoes50

DESAFIO FINAL!

Desafio n° 1

Está pronto para o seu jogo grátis? Usamo-los a toda a hora, mas não são tão fáceis de encontrar - aqui estão os **Sinônimos!**
Escreva 5 palavras que encontrou nos puzzles (n° 21, n° 36, n° 76) e tente encontrar 2 sinónimos para cada palavra.

Escreva 5 palavras de *Puzzle 21*

Palavras	Sinônimo 1	Sinônimo 2

Escreva 5 palavras de *Puzzle 36*

Palavras	Sinônimo 1	Sinônimo 2

Escreva 5 palavras de *Puzzle 76*

Palavras	Sinônimo 1	Sinônimo 2

Desafio nº 2

Agora que já aqueceu, escreva 5 palavras que encontrou nos Puzzles (nº 9, nº 17 e nº 25) e tente encontrar 2 antônimos para cada palavra. Quantos se podem encontrar em 20 minutos?

*Escreva 5 palavras de **Puzzle 9***

Palavras	Antônimo 1	Antônimo 2

*Escreva 5 palavras de **Puzzle 17***

Palavras	Antônimo 1	Antônimo 2

*Escreva 5 palavras de **Puzzle 25***

Palavras	Antônimo 1	Antônimo 2

Desafio n° 3

Óptimo! Este desafio final não é nada para si.

Pronto para o desafio final? Escolha 10 palavras que tenha descoberto nos diferentes puzzles e escreva-as abaixo.

1.	6.
2.	7.
3.	8.
4.	9.
5.	10.

Agora escreva um texto a pensar numa pessoa, num animal ou num lugar de seu agrado.

Pode utilizar a última página deste livro como um rascunho.

A Sua Composição:

CADERNO DE NOTAS:

ATÉ BREVE!

A equipa Inteira

DESCUBRA JOGOS GRATUITOS

GO

↓

BESTACTIVITYBOOKS.COM/FREEGAMES